心田文化

良種紙上播

[illegible]筆植心田

U0130779

欽定四庫全書　子部七　卷一・卷二

中國命相學大系19

太清神鑑

五行形相篇

〔後周〕王樸　撰

易天生　註釋

目錄

【太清神鑒】

提要 • 8
原序 • 10
自序 • 12

卷一

說歌 • 14
又歌 • 34
男女相法 • 46
子息相 • 48
相法妙訣 • 52
神秘論 • 60
成和子統論 • 90

卷二

116 • 雜說上篇
120 • 雜說中篇
124 • 雜說下篇
126 • 全書寶印上篇
135 • 全書寶印下篇
138 • 面部一百二十位
188 • 二儀相應
190 • 五嶽
193 • 四瀆
194 • 五官
196 • 六府
198 • 五行所生

五臟所出 200
五表所屬之方 201
五行相生歌 202
五行相剋歌 204
五行比和相應 206
四學堂位
三輔學堂 208

附錄一

第一部份 五行人格大解構

金型面相解構 215
木型面相解構 219
水型面相解構 223
火型面相解構 227

232 • 土型面相解構

第二部份
五行面相配五官解構
239 • 五行眼相解構
243 • 五行口相解構
247 • 五行眉相解構
252 • 五行鼻相解構
258 • 五行耳相解構

第三部份
從政人員之五行面相
268 • 名人實例

附錄二
古籍《人倫風鑒》原文
281 • 作者簡介
282 • 後記

欽定四庫全書　子部七

《太清神鑑》提要

《太清神鑑》六卷，舊本題"後周王朴撰"，乃專論相法之書也。考樸事周世宗為樞密使，世宗用兵，所向克捷，樸之籌畫為多。歐陽修《新五代史》稱樸為人明敏多才智，非獨當世之務，至於陰陽律法，莫不通焉。薛居正《舊五代史》亦謂樸多所該綜，星緯聲律，莫不畢殫。然皆不言其善於相法。且此書前有自序，稱"離林屋洞，下山三載，遍搜古今"，集成此書。考樸家世東平，入仕中朝，遊跡未嘗一至江左，安地有隱居林屋山事？其為依托無疑。蓋樸以精通術數知名，故世所傳奇異詭怪之事，往往皆歸之於樸。如王銍《默記》所載，樸與周世宗微行，中夜至五更河旁，見火輪小兒，知宋將代周，其事絕誕妄不可信。而小說家顧樂道之，宜作此書者，亦假樸名以行矣。然其間所引各書篇目，大都皆宋以前本。其綜核數理，剖晰義蘊，亦多微中，疑亦出宋人，非後來術士之妄談也。其書，《宋史？藝文志》不載，諸家書目亦罕著錄，惟《永樂大典》頗散見其文，雖間有缺脫，而綴拾排比，猶可得十之七八。謹哀輯成編，厘為六卷，樸之名則削而不題，亦祛其偽焉。乾隆四十六年九月恭校上。

總纂官臣紀昀臣陸錫熊臣孫士毅總 校 官臣陸 費 墀

原序

太清神鑑　作者：王朴

至人無體，妙萬物以為體；至道無方，鼓萬物以為用。故渾淪未判，一氣湛然，太極才分，三才備位。是以陰陽無私，順萬物之理以生之；天地無為，輔萬物之性以成之。夫人生居天地之中，雖以五行之英，為萬物之秀者。其形未兆，其體未分，即夙具其美惡，蘊其吉凶。故其生也，天地豈容巧於其間哉？莫非順其世，循其理，輔其自然而已。故夙積其善，則賦其形美而福祿也；素積其惡，則流其質兇而處夭賤。此其形則知其性。知其性，則盡知其心；盡知其心，則知其道。觀形則善惡分，識性則吉凶顯著。且伏羲日角，黃帝龍顏，舜目重瞳，文王四乳，斯皆古之瑞相，見之間降之聖人也。

其諸賢愚修短，猶[illegible]之指掌，微毫絲末，豈得逃乎？故相論形神之術，自此而興焉。其來極多，其論至冗，許負、袁天罡、陶隱居、李淳風之後，不可勝計。然皆窮幽探賾。得之至妙，其或紊亂所說，或異或同，至使學者不能貫於一致。餘自稚歲，潛心於此，考古驗今，無不徵效。遂特離林屋洞，下山三載，遍搜古今，考之極元者，集成一家之書，目之《太清神鑑》。以其至大至明，形無不鑑，至清至瑩，象無不分。然未足奪天地賦形之機，亦可盡人之性形耳。謹序。

自序

過去寫過了多篇關於五行相法的文章，一直都未有發表過，適逢其會，這次出版「太清神鑑」－五行形相篇」，正好讓過去這些文章得以重見天日，我把圖文都重新整理過後，發覺能完善太清神鑑五行相法，雖然古今各有不同的發展方向，但都是殊途同歸的。

五行相法，其實是可以寫成一部全面專書的，但從古至今都未有大德寫過，只有太清神鑑一書中，有著比較詳細的連載文章，筆者希望不久的將來，能夠完成五行相法全書這個心願，作為面相學的一個最後探究。

至於本書採用了太清神鑑的卷一和卷二，全書的精髓則落在五行形相的部份，而尚有其它四卷就要另行制作了，筆者希望很快便能夠繼續完成它，為了能夠精釋此書，只能先分拆，後合拼，這方便了寫作和出版，更重要是令讀者好閱讀。

易天生　寫於：二零二一年四月二日

太清神鑑

卷一

說歌

道為貌兮天與形，默授陰陽稟性情，陰陽之氣天地真，化出塵寰幾樣人

人倫風鑑云：陰陽之氣氣氳

這世間上的所有人，都有著不同的面貌，從陰陽化氣而得真者，從易經來看，地上陽氣向上升，天上陰氣往下降，就如熱氣上升形成雲雨後在大地下降，這是自然現象。

天地交感而產生萬物，人類稟賦著天地之氣，孕育

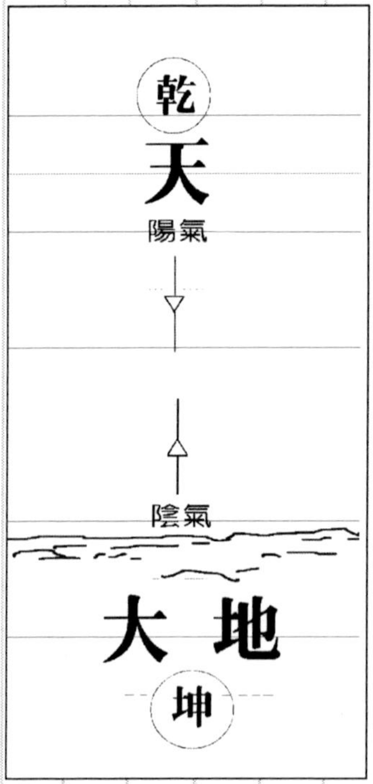

出各類的人種，不同的體質，面貌也是各不相同，繼而人生的升降沉浮亦可由面上反映出來，善觀人相者，可以從中探知每個人的性格與吉凶禍福。

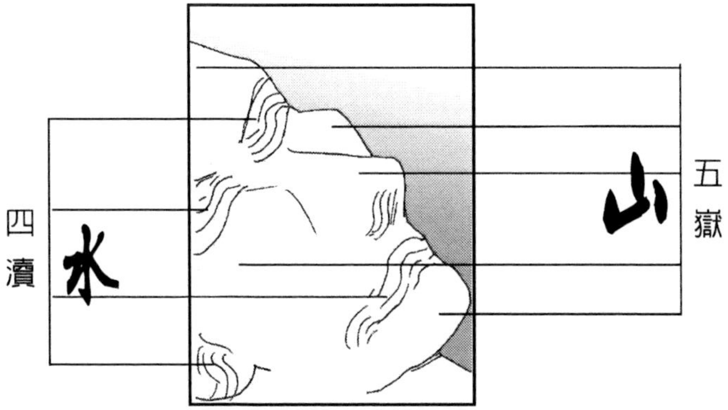

五嶽四瀆皆有神

地球上有山有水，五嶽為山、四瀆為水、面相中亦有五嶽四瀆，面上凸出的有額、顴、鼻和下巴，這些都是從面上凸出來的部位，故被視為山，屬於五嶽，至於四瀆則為水，主要是：眼耳口鼻。

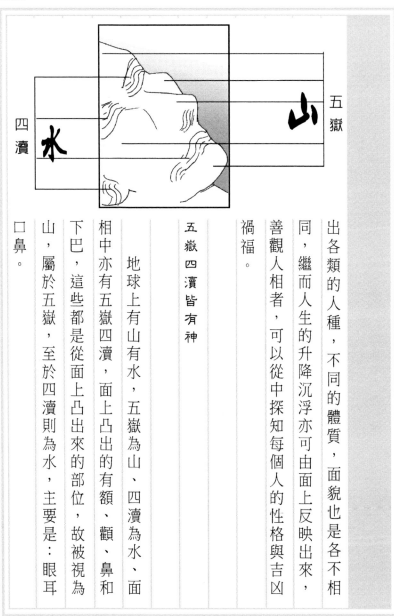

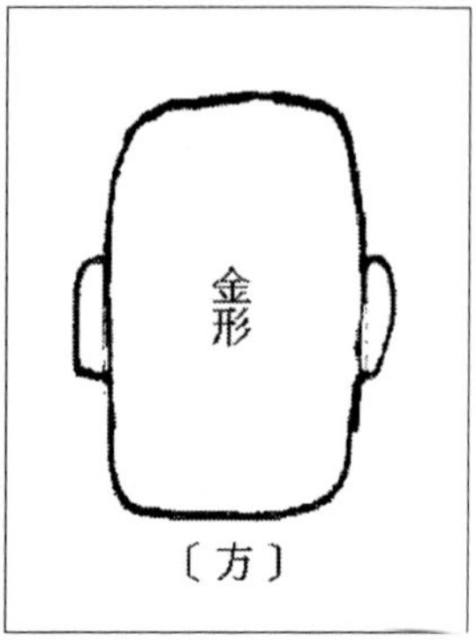

〔方〕

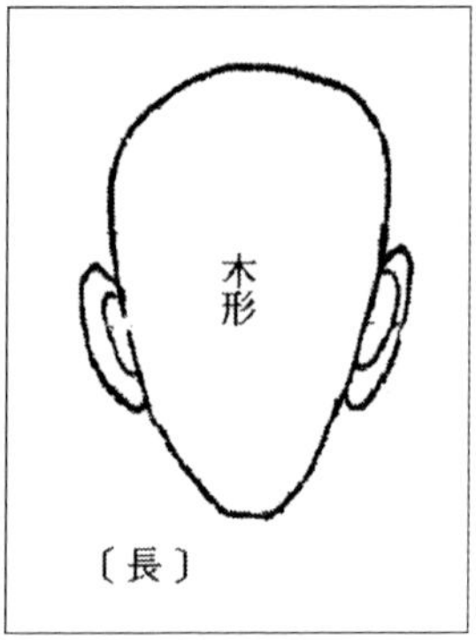

〔長〕

五嶽四瀆皆有神，何以有此說法呢？「神」通常在相學上都以眼神而視之，也可稱作神髓，即山以最高一點為之神，水便以最深處為神，故山高有氣主神足，有氣者骨肉勻稱是也，水深有氣主神存，其氣在內，口深者聲音發自丹田，眼深主眼神藏，耳深者耳孔大而收藏。以上都是五嶽四瀆有神之吉相。

值得一提的是，太清神鑑書中時常引述「人倫風鑑」的文詞內容，也會把其原文放到書的後段，以供讀者諸君可作參考。

金木水火土為分，君須識取造化理，相逢始可論人倫

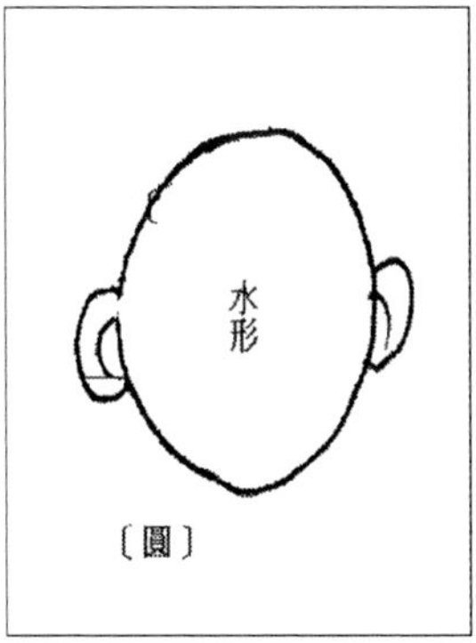

〔圓〕

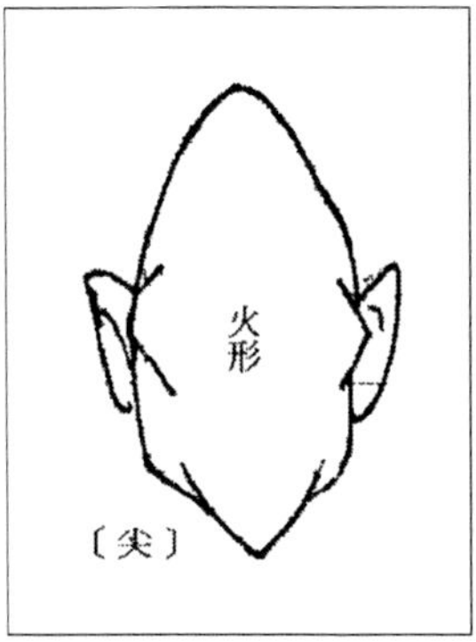

〔尖〕

面相五行大家都耳熟能詳，金形主方、木形主長、水形主圓、火形主尖、土形主厚、只要對以上的五行形相有深度認識，再配合天地萬物的五行變化，與人論相說命，方有準繩。

貴人骨格定奇異，看之乃為神仙鄰，
若非古怪即清秀，若非端正即停勻。

人倫風鑑云：丰姿不嫩乃端異

有貴異的骨格者，會是位世外高人，有著與別不同命運際遇，其相亦獨樹一格，一般說法是古怪清秀二者，古怪與清秀實際是兩種很不同的相格，古怪重點在於內在，每表現於骨格，清秀則在於肌

〔厚〕

膚，其重在外。

以下是太清神鑑原文中，針對古怪清秀的解釋，且還有對所謂端異的看法。

骨格灑落松上鶴（清），頭角挺特眞麒麟（古），
森森修竹鎮流水（秀），峨峨怪石收閒雲（怪），
崑山片玉已琢出（端），南海明珠光照室（異），
夭桃繁杏媚春華，可憐容易摧風日（嫩）

簡單來說，套入人的面相形神，清者便要如松鶴般，古者如麒麟還有角，實在令人費解，原作者採用了較為抽象的描寫，大家須要站在古人的角度

去思考，再配合幻想力，也只能意會，不能言傳。

本文大意可以試作淺解，大抵是指有著過人之成就者，都有著與別不同的奇異骨格和面貌，應該是泛指入形入格之相，以筆者之經驗談，這個清奇古怪四相法，是古時相學的一大門路，可惜年代太過久遠，其真傳漸失，現在就只剩下一些艱深難明的精要。我們嘗試用一些相片及實例，以作為大家學習上的參考。

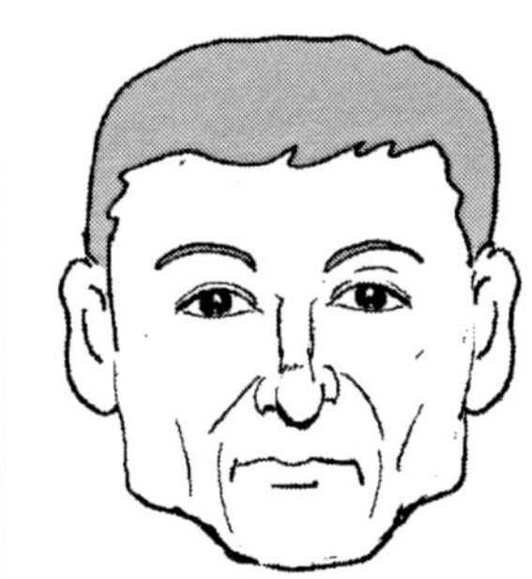
古者如麒麟還有角

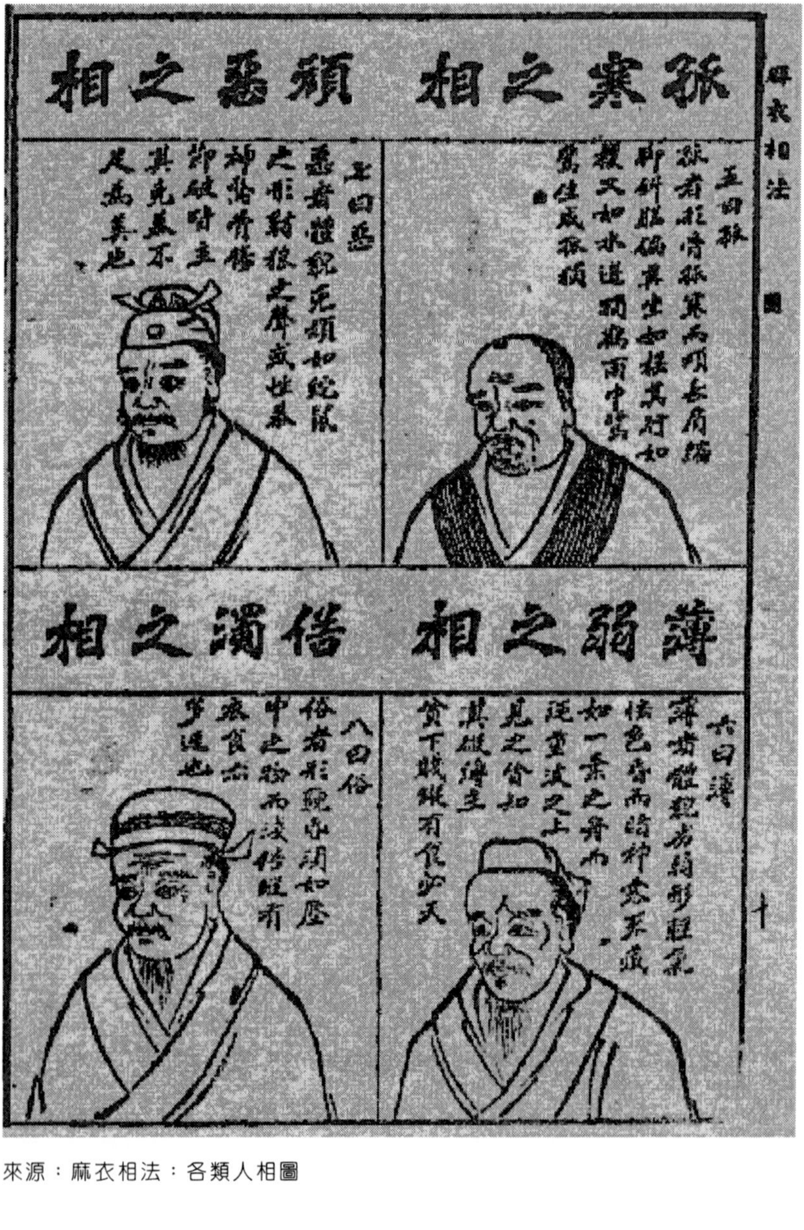

孤寒之相

五曰孤

孤者形骨孤寒而項長肩縮腳斜腦偏其坐如搖其行如攫又如水邊獨鶴雨中鷺鷥生成孤獨

頑惡之相

七曰惡

惡者體貌兇頑如蛇鼠之形豺狼之聲或性暴神驚骨傷節破啫主其兇暴不足為美也

薄弱之相

六曰薄

薄者體貌劣弱形輕氣怯色昏而暗神露不藏如一葉之舟而泛重波之上見之皆知其微薄主貧下賤縱有食必夭

俗濁之相

八曰俗

俗者形貌昏濁如塵中之物而淺俗縱有衣食而多迍也

麻衣相法 圖 十

來源：麻衣相法：各類人相圖

來源：麻衣相法：各類人相圖

坐中初看似昂藏，熟視稍覺無晶光，語言泛泛失倫序，舉動碌碌多倉忙，
若人賦得此形相，薄祿為官不久長

一個人的面相固然重要，但古相之法，動靜同樣著重，動相之中有「坐相」，這裡說坐時初看其人像很昂藏有氣度，久而觀之，便發覺他眼無光采，口齒也不伶俐，表達力差，這樣便難以在社會上競爭。此外動相在行為舉止上閃縮或彊硬，都會影響到氣運，尤其以一個機構的高層人員，更不單止在相貌上，連舉動上都要有好的配合，才算佳相。

坐中初見似塵俗，熟視稍覺多清涼，議論琅琅悉可聽，容止悠悠而細長，
若人賦得此形相，高名美譽攬金章，更看面部何氣色，數中帷有火多殃，
青多憂饒黑多病，白多破財黃乃昌。

面相古法每以紅赤色為災，青色主憂驚、黑主病、黑色素浮於面者每見於腎病者，至於白色亦不會是好氣色，每現於白事和破財者臉上，黃明之色主喜慶事，是為吉昌之氣色。

湛然沉靜無瑕翳，青雲萬里看翱翔，富貴貧賤生處定，但把形神來取正

每一個人的富貴貧賤，一出生便已經有了定數，這是關於八字命理的講法，而人的面相卻有點不同，因為人的面相是會隨著人事和環境而演變的，變好變壞又與人的個性行為有關，二者似乎相輔相成，天生每個人都有不同臉孔，產生不同的個性行為造作，取其正五行配合形神論相，方能判斷出富貴貧賤。

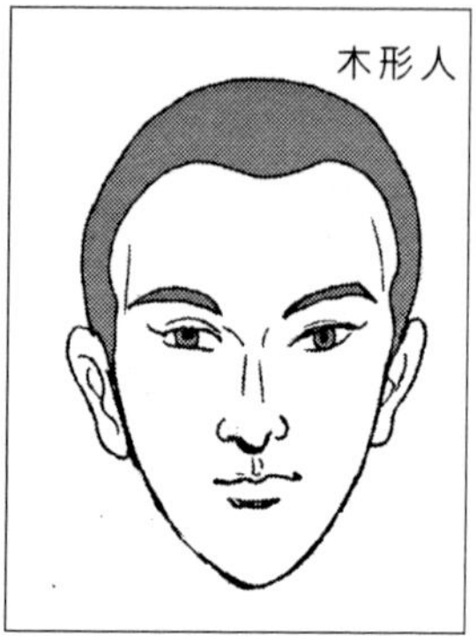
木形人

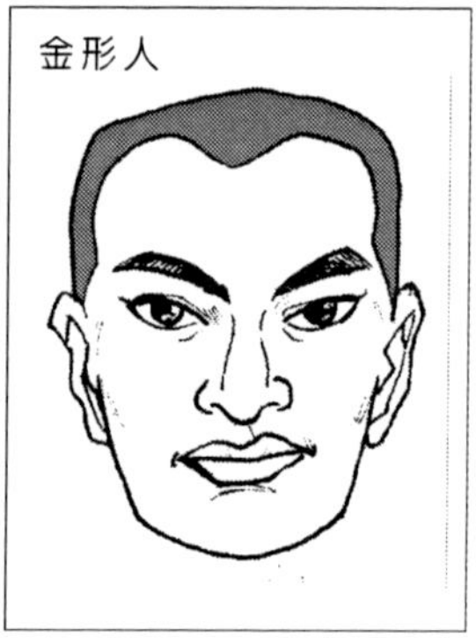
金形人

一部吉兮吉必生，一部凶兮凶必應，部位吉凶各有主，存神定意詳觀聽，妙理不過於五行，當究五行之正性。

面相上的每一個部位，都有著吉凶的預示，這裡有特別提到「存神定意」和「五行正性」這兩句話。「存神定意」者，不單止要觀看部位得失，還要細聽一切的玄妙學理。簡單來說、火取其尖、木取其長、水取其圓、土取其厚、金取其方，此乃五行之正性。

木瘦金方乃常談，水圓土厚何須競，不露不粗不枯槁

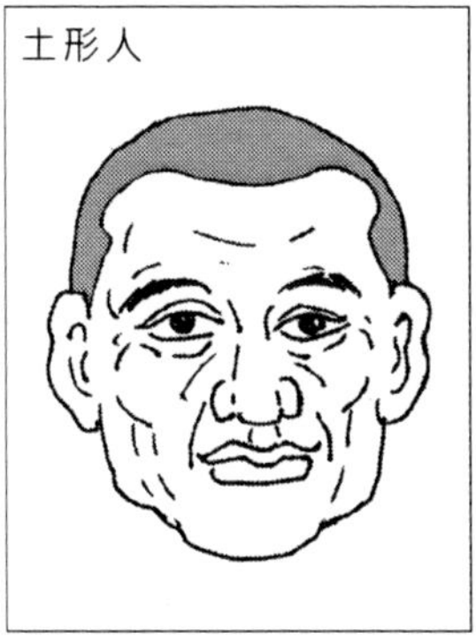

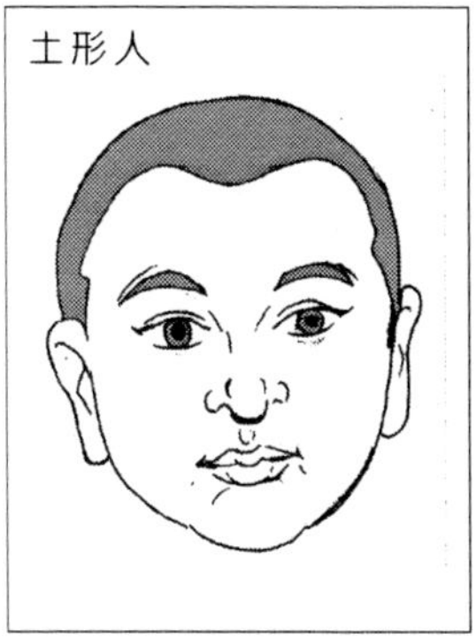

這裡更提到，五行形相之中的木形、金形、水形和土形這四個形都要不露、不粗、不枯槁，何以只這四種形才是這樣？那火形便不同了嗎？是的，原因是火形本身就帶有露、粗和枯這三種情況，火形在太清神鑑是較為特殊的。

三停大體求相稱，火形有祿終須破，奔走貧寒多阻挫，人倫風鑑云：惟有火形尖更露，縱饒得祿終多破，雖因神秀暫榮華，四十之上亦難過

三停即：上、中、下三停，火形人的面相尖，此非善相，故有終於破敗之判詞，又主奔走無定多

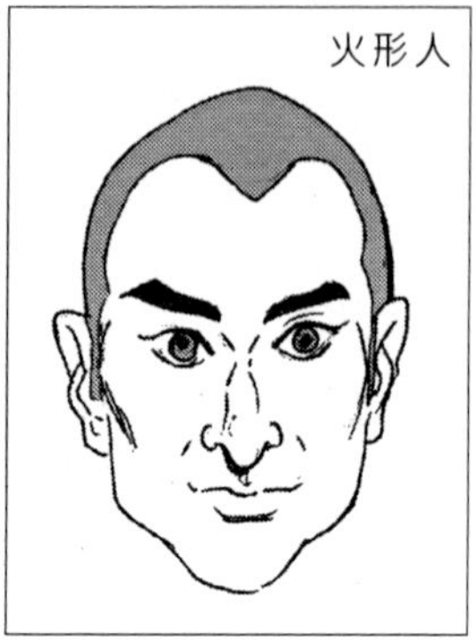

挫折貧困，其實面相多帶尖者，如眼尖成三角，其人心毒行惡，即得一時之利亦不能久享，另外鼻尖如鷹咀者行為險惡奸貪，其人也終會破敗收場，至於口尖福祿破，眉尖如刀者刑剋重、性剛烈，總之這種種帶尖的形相，都屬於火形人的一部份，會比起其它四形容易衰敗，這中間到底是何原因呢？主要是尖形是帶煞的一種形相，較其它四形易生浮災。

即使火形人形神俱備，得發榮華，亦不會長命，有福也不能享，其壽更不過四十。這點又要看其是否真火形入格，如果像著名打星石堅，便是此型入格，他亦能享高壽，另一位古天樂也是火形得

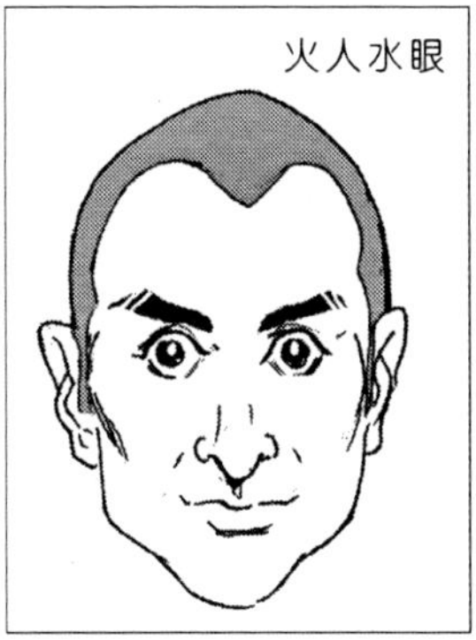

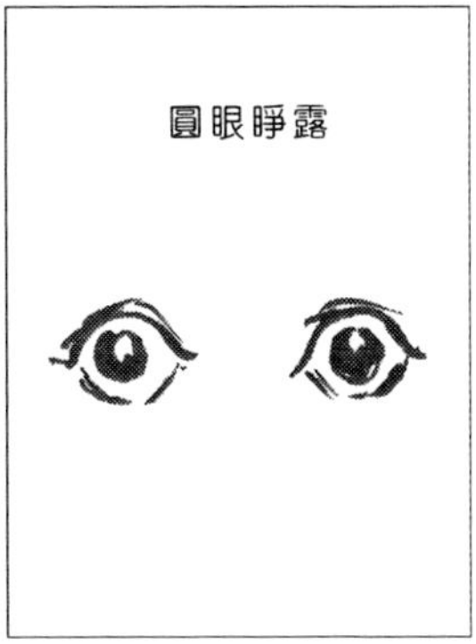

真之相格者，成就亦高。說到短壽，除非是火形不真，見水形來雜，或圓眼睜露，才是火形人之大忌。

其餘相法固非一，天收地斂終無失，氣和神定最有常，骨聳額寬根本實，腰背端如萬斛舟，瞻視盼顧如星斗，肉隱骨中骨隱體，色隱神中神隱眸，若人賦得此形相，定知不是尋常流

面相之法沒有定法，除了上述五行形相外，還須要兼顧天和地、氣與神、骨和肉等三種基本相法。天收地斂，是指頭額為天，屬於上停，我們頭

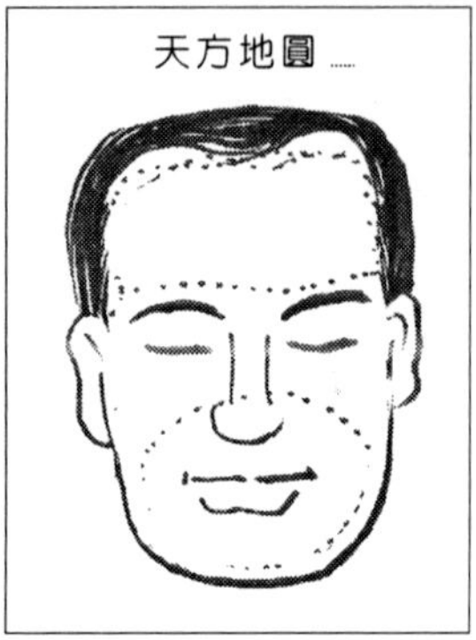

頂收天氣，要方而廣，地者指下停，口和地閣一帶是儲藏，故須要厚而圓，如此看相定無失誤。

氣宇汪洋有容物，智量深遠多權謀。
動作令人不可料，時通亦自為公侯。

一個人的氣度和智慧，並非只有面相，還是動相，從人的行為造作上可以得見，一個大人物氣度是與眾不同的，行動亦會令人意想不到，其人若當時得令，定能高人一等。

易喜易怒屬淺薄，易驕易滿屬輕浮，淺薄輕浮神不

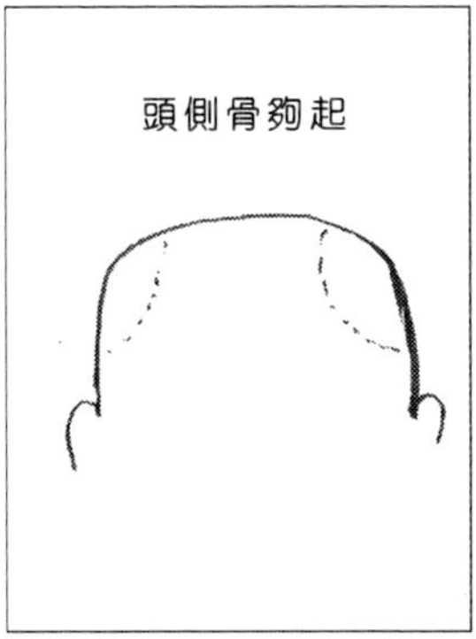

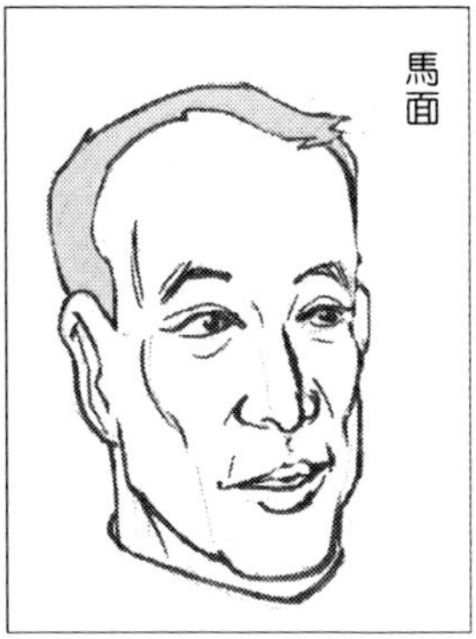

定，一生自是常常憂。欲知富貴何所致，馬面牛頭聳鼻樑。

人倫風鑑作：馬耳

人若喜怒形於色，便容易被別人看透內心，從日常生活、行為動作表現出來的動相，也可反映個人成敗得失。

一般人以面形長者為馬面，馬面人是辛勞的，但不代表貧困，只要鼻樑夠豐挺聳直，左右兩邊頭側骨夠起，便主富貴，例如唐英年便是。一般人都說做牛做馬，這是傳統觀念，當然亦有長面窮相，若面長鼻短，頭骨不起，與馬面不成比例，此又當別論。馬耳者指耳高過於眉，其人聰明機智，牛頭

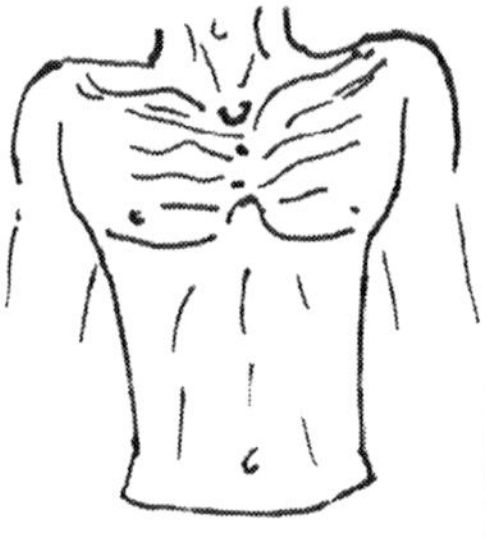

胸部凹凸

又主頭角豐圓高起，再加上一個高聳的鼻樑，便是富貴人。

人倫風鑑云起坐昂昂多神氣

有聲有韻骨格清，有頤有面含神光，欲知貧者何所分，面帶塵埃眼目昏。出語三言不辨兩，凹胸削背仍高聲。

倫風鑑作凸

富貴的人，還會語聲有韻，氣有餘，說話還有動聽的尾音，下停的兩頤有肉、面上有真光，相信是指面上的氣色明潤。

貧困者面相如被塵埃遮臉，再加上雙眼神昏若睡，眼白混濁，說話又咬字不清、胸肌太削、肉薄

紅筋纏眼

眼外露

見骨，形成胸部一凹一凸，自然是營養不良，古法亦視之為貧窮相的特徵。

赤脈縱橫貫雙眼，殺人偷盜身無存。

赤脈紅筋纏眼，是凶暴之相，甚至是殺人惡相，若見雙眼外露、且帶凶光，如此便不容置疑

人生具體皆相同，貴賤相近有西東。沖和而上主輕清，認其清者宜高崇。滯伏而下主重濁，認其濁者皆凡庸，清濁一分知貴賤，貴賤不離清濁中。

黑暈及兩眼

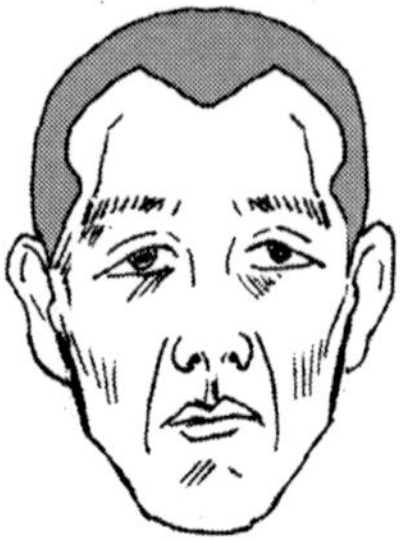

人的生涯大至相同，生老病死，人皆如是，但貴賤不同是無用置疑的，清者宜高崇向上，滯伏則向下形成重濁，人相須取清而捨濁，那何者為清，何者為濁，要如何分？文中的說法是，「清」者其氣溫和而骨格輕清，五官的尾部都有向上提之勢，濁則相反，氣滯而伏，這個伏是形容人的神態，古書有說人伏面沉吟，而眼尾、鼻翼、咀角等都向下，骨格又重濁無肉，這樣便絕非福相了。

人倫風鑑云吉凶生於一念中

大道無形故無相，此理原來本至公，人能移惡歸諸善，自然可以消兇災。人能安分委天命，自然可以濟窮通。予作此詩真有理，寄語賢者莫匆匆。

人倫風鑑云：自然可以起凡庸叔敖陰德故所勸上相相心今孰同

人倫風鑑：洞玄經經同

如能以相學導人向善者，濟世為懷，令人安於天命，教化眾生以積陰德，好相便會自然地生出好運來，又提到孫叔敖的積德必有神來保佑。所謂上相者「相心」，這似是無形可尋的相法，但又實在有其應驗之處，本書的原意就在一個「善」字，讀者細察。

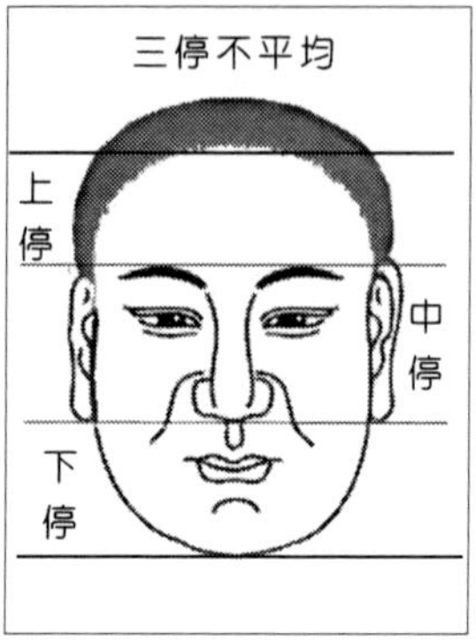

又歌

受氣成形，三才俱備，清則富貴，濁則災否。但看貴人，神清氣爽，美目秀媚，骨要堅隆。骨肉相繼，骨謂之君，肉謂之臣，骨過於肉，君過於臣，此乃貴人，長壽無迍。

面相三才者，是指「天、地、人」三才，亦即三停的上停、中停和下停，前額為天、顴鼻為人、口和地閣為地，只要三才各部手上露筋位生得骨肉相稱，便是君臣相配。還要清，清者骨不枯露、皮肉不粗是為清，三才清者富貴之人，若然肉太多而令骨不起，或骨太多令肉不實，都是主君臣不相配之相。

書中云：「骨謂之君，肉謂之臣」，故此寧可骨略勝於肉，亦不要肉勝於骨，因君不可受臣欺之故，即使是骨粗露也能貧而見壽，最怕是臣欺其君，即肉太多，骨太弱，如此則主相虛浮無力，即使富貴亦主夭壽。最理想是骨格壯健有力、骨起有肉，此為之「骨氣」，是君臣相配之好格局，主必貴而且壽。

龍骨吞虎，生必豪富，虎骨吞龍，一世貧窮。下短上長，富貴吉昌，上短下長，遍走他鄉。面黑身白，位至相國；身黑面白，賣盡田宅。面粗身細，一生富貴；面細身粗，貧困而孤。

龍骨與虎骨者，是指上停和下停，下停豐滿，厚過頭額者富，相反，頭

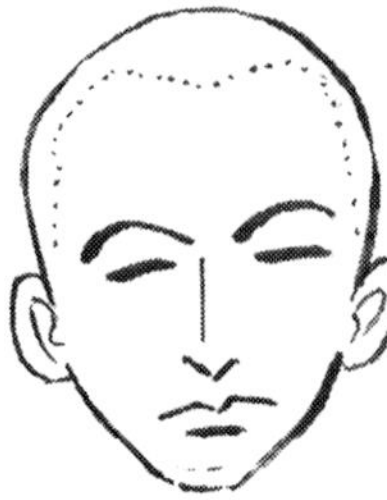

額廣下停削

額雖廣大，但下停瘦削者貧窮。另又論到長短，上停長過於下停者，主富貴，相反上停短於下停則奔波勞碌。至於面與身的黑白色素，似乎是與晒太陽有關多於與命運有關。

面粗身細與面細身粗，這種配合亦不能一蓋而論，還須看面相，皆因面相五官六府等，主宰人的行為性格，從而產生命運。

額聳而隆，不受貧窮；額方而廣，有田有莊。額骨而高，必為僧道。額上有紋，早年艱辛，若是女子，夫位難停，額窄眉深，賣盡資金，額有伏羲，不富則貴。

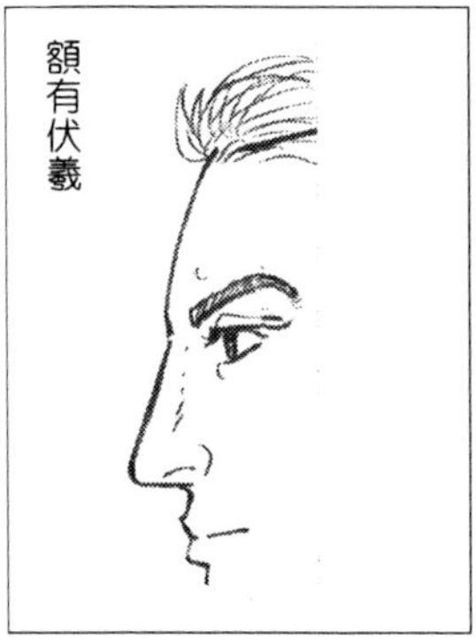

額屬於少年運，故額生得好有田有地，相信是祖上之福蔭。額只宜闊廣不宜低窄，額窄的人眉頭深鎖、智力偏低、不明事理，早年根基淺薄、無產業、額有伏羲是指有伏羲之面相，即鼻樑直通上額，這種鼻子又名伏犀鼻，是富貴之象徵。

眉骨眉秀而清，四海聞名；眉如初月，衣食不缺。眉骨而高，長受波濤；眉有旋紋，父母不停。八字眉分，一生孤貧，眉頭相連，壽短不延，眉生纖毛，上壽堅牢；眉硬如錐，晚歲饑棲，兩眼藏神，富貴高名。

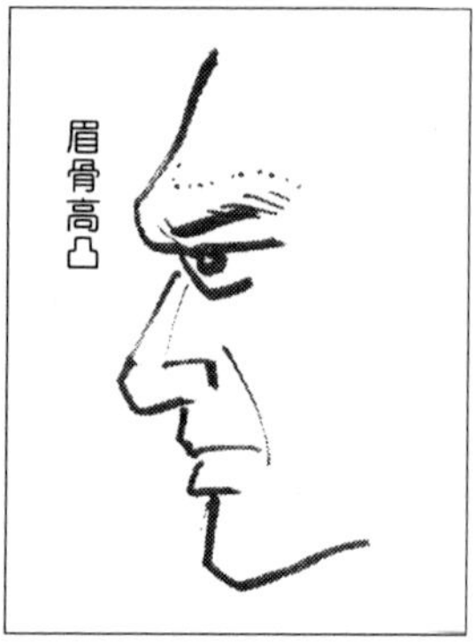

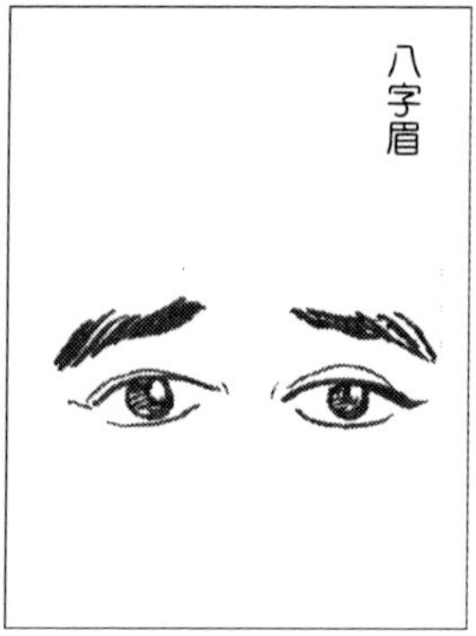

書云問貴在眉，眉乃一面之表，故眉清揚長者，能四海揚名。眉骨高凸過甚的人，性格衝動、行為不檢、易行錯踏錯而闖禍，甚至犯法。八字眉經常可見，以我的經驗，人到中年過後，有些人眉尾會向下垂，這是生理和心理上的老化現象，未必是與命運有關，若以原文解釋，八字眉在早年便已出現，會性格軟弱和倚賴心重，故難有志氣。

魚尾插額，位至相國。睛色有黃，為人不良；若是黃紫，刀劍中亡。斜視如流，為性姦偷；三角有光，賊性難防。四白羊睛，殺子不停；反視鬥睛，為性不平。睛露臉高，促壽不趉。

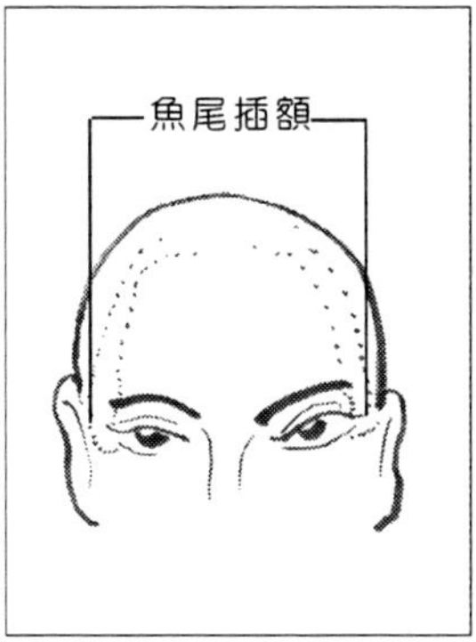

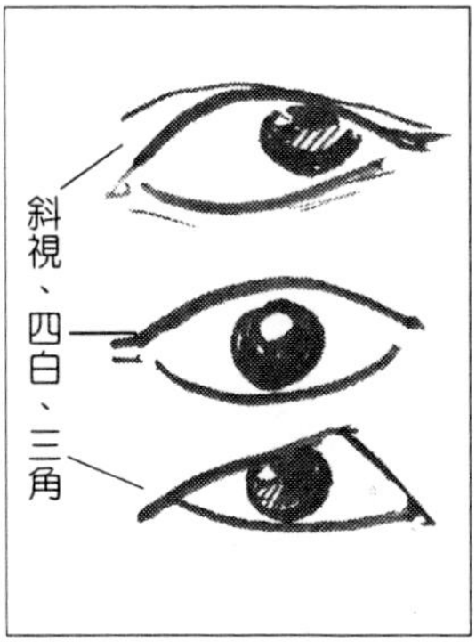

魚尾是指眼尾，魚尾插額是指魚尾骨微起，上連至額頭兩邊，這很　明顯是天生奇相，而且比較少見，其權位可在師局長級，甚至以上　。

斜視、三角、四白等都是不好的眼相，主易生凶事。顴高凸、眼外露，很明顯是個衝動暴戾之人，故凶險亦多。

鼻頭圓紅，不受貧窮。若要清貴，年壽通隆；鼻樑曲陸，一生孤獨。鼻如鷹嘴，啄人腦髓；鼻樑骨橫，賣盡田園，鼻有縱紋，克子不停；鼻頭素紫，晚年窮死。人倫風鑑云：破盡平生鼻子要挺直不能彎曲，鼻樑骨橫起，鼻頭尖勾等都是凶相，而鼻頭即使略帶紅或紫色，亦只宜微微素色，否則亦不利健康及財運。

人倫風鑑云：口如吹火孤寒獨坐

口紫而方，廣置田莊；口上有紋，失約無成。

口薄而輕，親業如傾；露齒結喉，走遍他州。

口方而厚是祿位良好之相，但也不能有暗紫色，因為近口處的紫色是毒素入體之徵，吹火口、口圓小兼且外凸，咀外無肉，便易容形成紋理入侵，口也不宜太薄，要有適當的厚度，否則便會福祿有損。

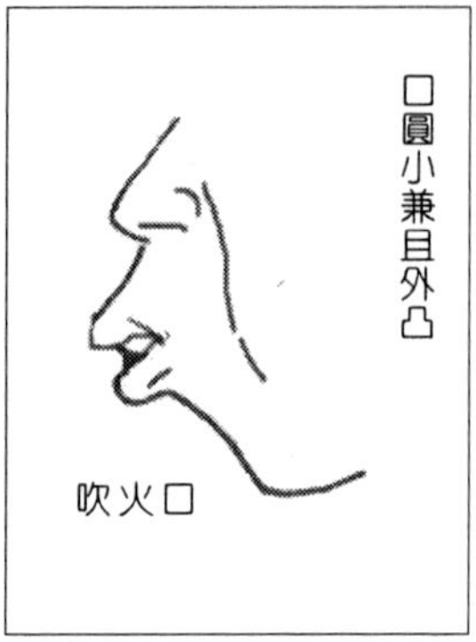

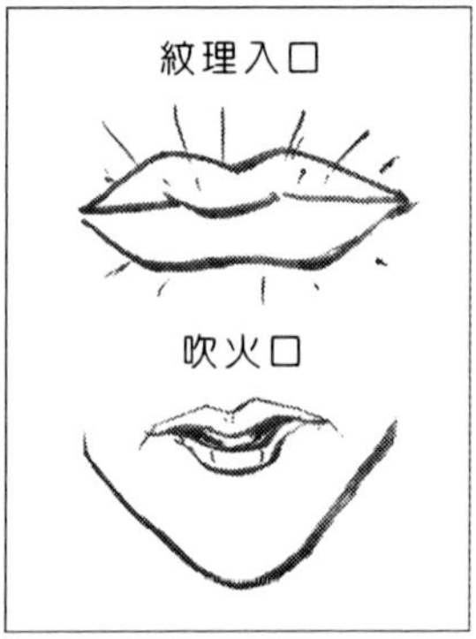

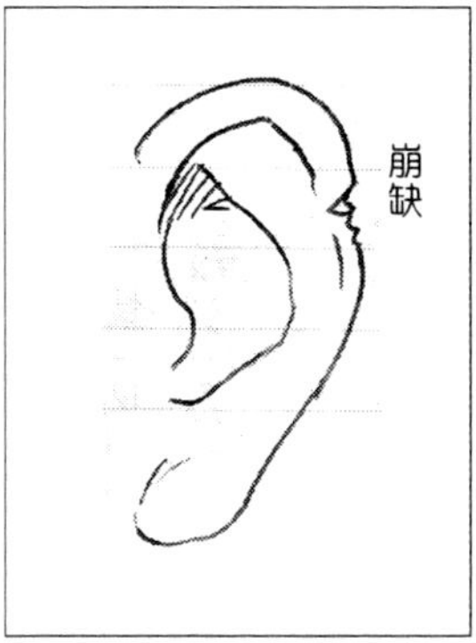

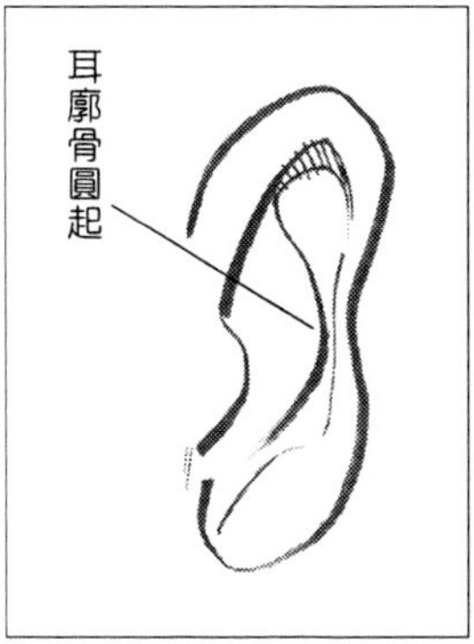

人倫風鑑云：衣祿有餘

人倫風鑑云：耳內生毫壽永年高，耳生黑子多招是非

耳有垂珠，富貴雙居，輪廓皆成，一世豐榮。

鼻樑耳返，賣盡田產。耳如箭翅，貧窮破祖；

耳聳而朝，富貴年高。

耳珠主要看一個人的童年，又反映健康和福壽，故宜厚圓，不宜崩缺或太小。耳又要輪廓分明，即外耳輪捲起，耳廓骨圓起而不外露，耳頭更不宜尖，最好是高聳和耳珠略朝向前，是為耳之佳相。

發疏而細，位過兩制；發粗如麻，貧窮可嗟。

女人發拳，克夫連綿；婦人發黃，遍走他鄉。

頭髮在面相學起著一定作用，配合面相發揮，髮疏細秀是好相，粗硬開叉為劣相，髮如拳即天生頭髮捲曲，同樣非佳相，外國人頭髮多數天生捲曲，這又當別論，中國人則較少生有捲曲頭髮，故被視為刑剋重之相，不論男女皆如是。髮要烏黑亮澤，不雜其它色素為佳，但現代人每多染髮，以古法論，這個也是不良現象，因髮質受到化學品所改變，帶黃帶啡已然不好，其它五顏綠色更加有害。

手如噀血，衣食不缺；手軟如綿，衣食自然。手紋如絲，必為賢士；手紋橫生，不聚資金。紋如鐵斧，法死衆睹；手上露筋，一世艱辛。

人倫風鑑云：紋如戈矛法死不留

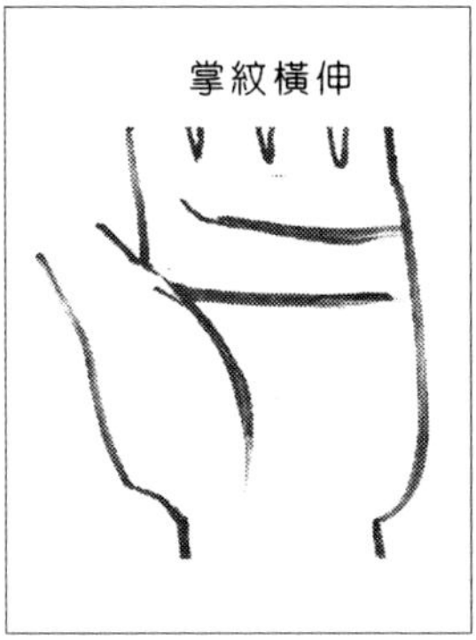

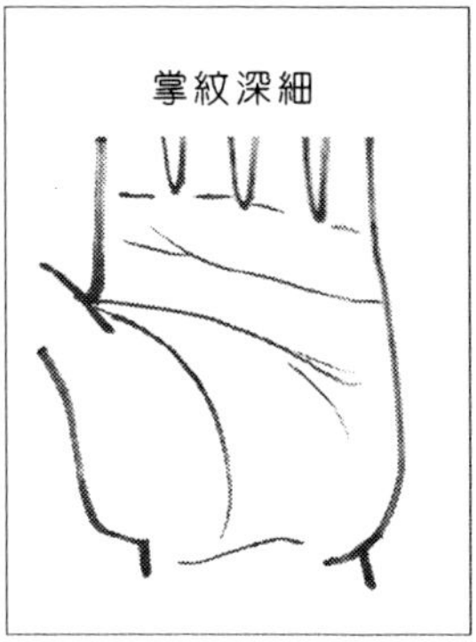

手掌上氣色最宜紅潤，有點點微紅，如噴上去之色，是為掌如噀血，說得有點誇張，但這是有財運者的手相。另外手紋不宜太粗和打橫直伸，像尖矛刺刀那樣，主生性粗暴無學識，多數要在低下階層生活打滾。所以掌紋要深細而清秀，尾端微微彎起，便是有識之士，能夠發展學問。

當然，世間人未必是非黑即白的，掌紋之粗直幼細等，尚有很多法理存在，但這裡點出掌紋之最基本要求，亦屬握要。

聲如破鑼，田產消磨；聲鴨聲暗，家計如傾；聲如大鐃，一世波濤。舌上有紋，牛馬成群；舌如紅

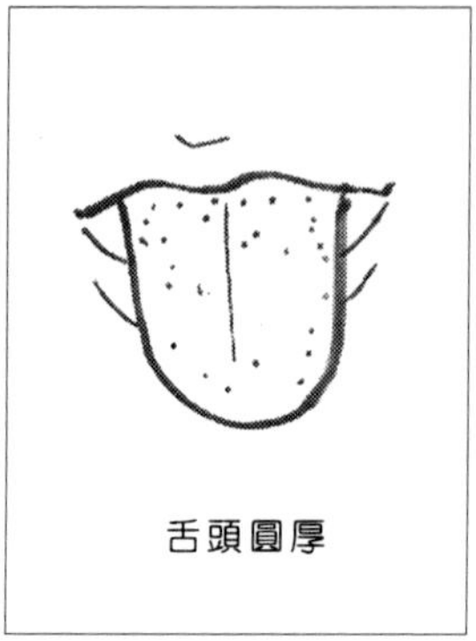

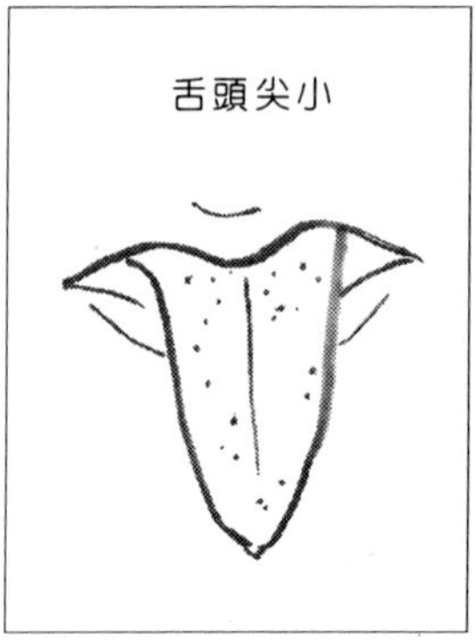

蓮，廣有田園；舌短唇長，晚歲慌忙。

聲音有相，在於所發聲韻和氣息，所謂聲如鴨，無非想說聲音刺耳難聽。口內的舌頭，須要圓厚、忌尖小。長短不太過是為舌之佳相。

足下有紋，大旺子孫；足有龜紋，一世清名；足下黑子，富貴賢士。曲背駝腰，子孫不超；鴨步鵝行，富貴家榮。行若蛇行，親業如傾；蛇胸鵲筋，貧窮賤人。人倫風鑑云富貴清名 人倫風鑑云蛇骨鶴筋

腳底要有紋，主身體健壯，光滑無紋理的腳

底，主體能欠佳多疾患，所謂鵝行鴨行，都是一些很主觀的看法，是古人從觀察所得的經驗談，大意想講人步細不急而有序。不少上年紀的長者，曲背駝腰或雙足因骨質疏鬆而退化，以至腿形彎曲，行走不便，這多數是因年輕時捱壞了身子，如果很年輕便這樣，必會影響日常活動，運亦難以順暢。蛇行是指行路不是直走，而是S形地走，像蛇一樣，此相主傾家業。

頭大有肩，富貴長年；頭大無肩，晚歲孤寒。

身大頭小，壽數極夭；三停不直，不為貴格。

一個人頭生得大，是較一般人大，還是跟自己身體比例大，這個要先弄清楚，但無論如何，身體上的各個器官和部位，都要比例合適為宜，自然感覺很重要。

三停前面已有圖文介紹，上中下三停，上由髮尖至眉頭，中由眉際至鼻尖，下由鼻尖至下巴，這個三停直下要端正不偏斜，才能生貴氣，三停又包括了額、眉、眼、顴、鼻、口和下巴等，其長短適中，和比例都要正常，不會個分，如頭大無肩或身大頭小便是。

南人北形，富貴高名；北人南形產業如傾。

南人的體形普遍較小，具有書生的柔弱氣質。說到北方人，首先想到的是東北方彪形大漢，身材魁梧、性格豪邁、陽剛之氣十足。南方人善於智巧，北方人就善勇武，各有優勢，這無非想說明智勇雙全的人，能夠建功立業。

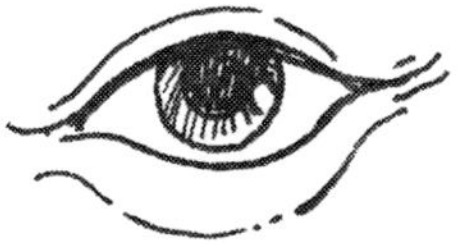

男女相法

男人聲雌，破卻家資；女人聲雄，夫主不停。眼下乾枯，定殺五夫；齒露聲雄，殺夫貧窮。更若有鬚，不可同居；形容如鬼，殺夫不已。面如哭形，家業不成；面上生黶，夫位高判。形寒額尖，夫位湏死；若是男子，亦湏如此。

本文又說到男人的聲線不宜生成女聲，女生男聲亦不好，這是陰陽不能調和的現象，對命運構成的影響，還須兼顧到五官部位，方能作準。

眼底部位一般看人的福蔭和子息事，略見有肉微起，是為「臥蠶」之吉相，但不欲浮腫，更不宜乾枯，是主健康問題居多，每見於肝腎病者，這不論男女都一樣。牙齒宜收藏不宜露，女子面上毛髮多，或有大黑痣等相，亦是生理上的問題居多而已，有時過於誇張其詞實屬不智。

子息相

人中黑子，主養他子；口上生者，吐血而死。淚堂生痣，子孫難繼；黑子口旁，是非難防；蘭堂生者，富貴壽長。眼下並紋，子息難成；紋理入口，餓死不久。法令入頤，一生富貴；紋入承漿，壽限高强。令紋傍口，財帛難守；鼻準有紋，溺水而死。

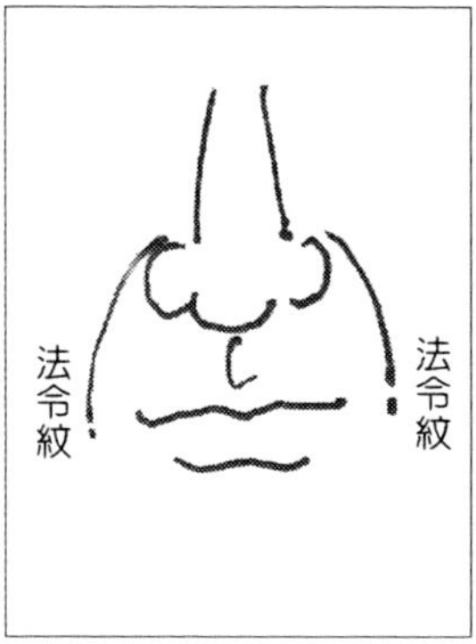

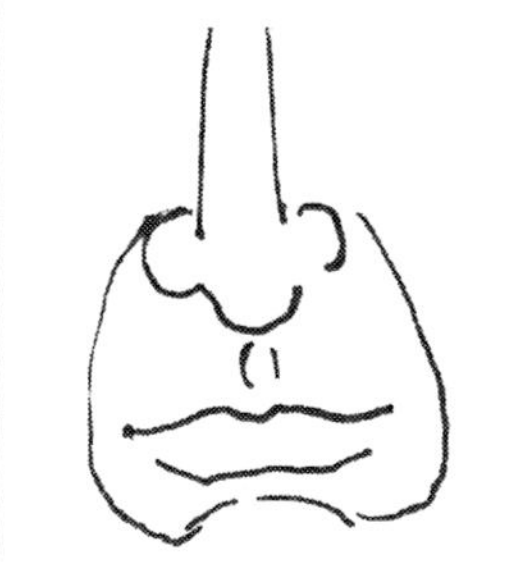
包口法令

黑子，是比較大粒的痣，生在太顯眼的地方，便會很不順眼，例如生於人中、眼下淚堂、鼻樑和唇上便是，但生在臉上較隱閉處又沒問題，例如鼻翼兩邊的蘭台、延尉、眉毛、額上、法令紋旁等等。

法令紋又名壽帶，主要看晚年，紋不宜入口，這會因為斷食而亡，包括患食道病，最好是越過兩邊咀角而下，是為長法令，是壽相，到兩邊頤旁亦合適，至於紋入承漿，即嘴唇下，便是包口的法令，雖壽高而孤獨。要與嘴角略有點距離，方可視作福壽相（影星關德興）。

精神不振、雙目無神

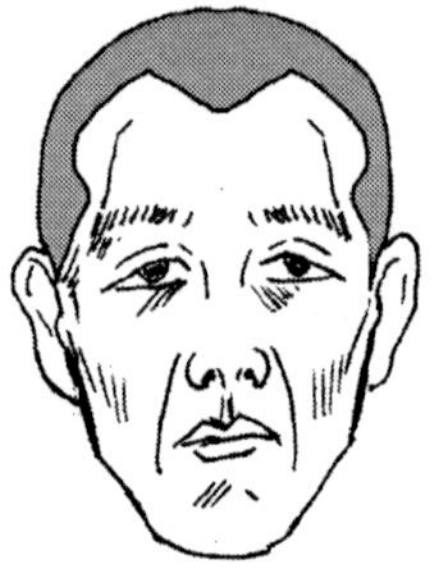

骨怯神怯，三犯須傾，形重骨剛，壽命延長。三停隆直，富貴無敵；行步身斜，破親亡家。腦有玉枕，九十為定；鼻樑不正，四十絕命。鼻曲唇掀，壽夭不延。倫風鑑云：孤獨如夢

怯這個字多數用來形容膽怯之人，骨和神又如可怯法呢？這可要用上一點幻想力，骨格虛弱不堅強，有如老人，精神不振、雙目無神，如此即是怯之相徵，是命有傾危之象，相反形重骨剛是壽者相。上中下三停，分別是額、鼻和下巴，三者都豐隆位正者，富貴之人。大凡面相或身相，甚至形相，都極不宜傾斜不正，正則長久，傾則不能長

久，此實為相之明言。

肥人結喉，壽短不留；帶殺雙兼，惡死居前。有胸有背，富貴無窮；有背無胸，晚歲孤窮。聲音如嘲，貧賤不貴；身小聲雄，位至三公；身大聲小，早歲折夭。此法秘之，如金如寶。人倫風鑑千字文同上

人倫風鑑云：有胸無背貧賤如流

肥人很少會露出喉結的，只有很瘦的人才會，胸背都厚者富貴人。無論聲音有如潮或如嘲，都是不穩定和不自然的，氣出自丹田夠沉厚便是好，是得享福壽之人。至於書中說到一個秘法，指身小聲雄厚者位高權重，相反身大聲小便夭折，其法頗神驗，讀者大可以多參詳古今中外的大人物，定可作分曉。

相法妙訣

相人形貌有多般，須辨三停端不端。五嶽四瀆要相應，或長或短不須論。額要闊兮鼻要直，口分四字多衣食，頭圓似月照天庭，眉目彎彎多學識。眉頭昂而性必剛，縱理重重入天倉。下視之人多毒害，羊睛四白定孤霜。鼻頭屈曲多孤獨，項短結喉神不足。

「五嶽」分別是：東南西北嶽，南嶽居正額，東、西嶽在兩顴，中嶽為鼻，下巴為北嶽，這五嶽代表山，又要與水相呼應，水即「四瀆」：

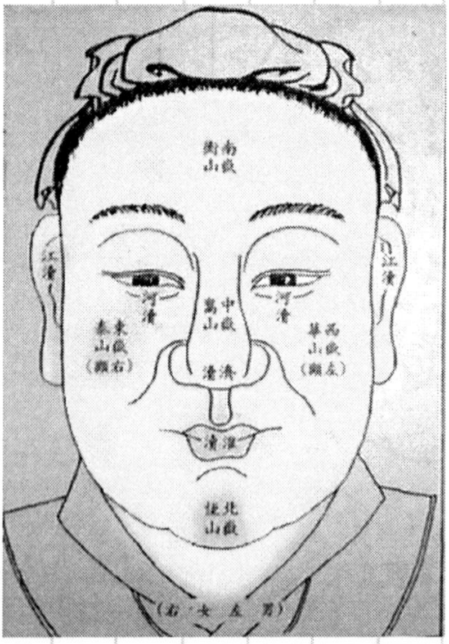

眼、耳、口、人中，這個呼應說來輕鬆，實為相學之精華所在，而五嶽與四瀆的互相呼應，可理解為「五嶽朝天山勢起，四瀆藏神氣凝聚」。

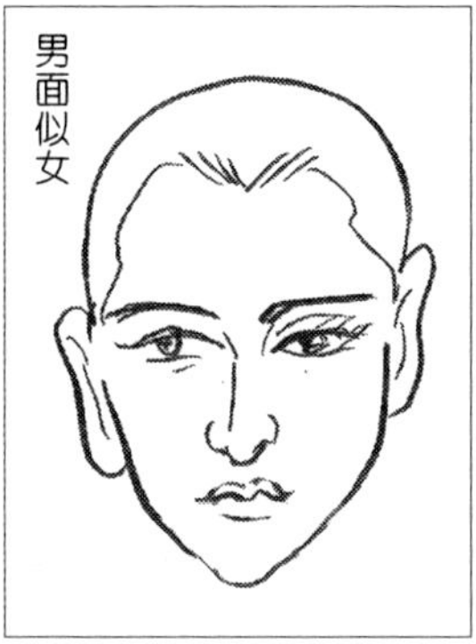

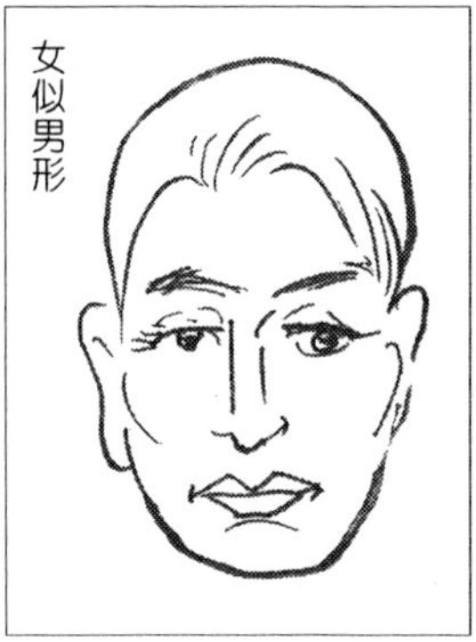

男面似女，女似男，心慳藏事多淫欲。眼眇雖有小精神，更觀黑白須分明。運觀有威近秀媚，披緇學道好音聲。眼鏡黑少白多惡，眉長眼細足人情。玉管照神云：黑白分明定知略 眼鏡若露唇皮反，男憂惡死女憂產。若是頭圓須出家。玉管照神云：若還不是出家人在私必定遭天難

古時看待一些男女不分的人，近乎現代的同性戀者，指其心理不正常，是為淫慾所誤，但現代指

註釋：

黑白分明、黑少白多

出除心理影響之外，還有生理上的基因變異。又說眼珠與眼白要黑白分明、黑少白多，是眼白比例上，眼白多於眼珠，這是凶惡相，另提到頭圓出家的問題，頭圓是正常的，何以要出家，可能還須多一些理解。

玉管照神云：耳無輪廓破紋多細小無珠命短薄

耳無輪廓多破散。耳若聳長有輪廓，衣食自然終不

玉管照神云：身與腰相應？忽若偏時終薄落

薄。頭大身小性慳貧，身大頭小多消索，坐要端兮立要直，不直不端無見識。

耳無輪廓名為「輪飛廓反」，是主早年甚差的相，先前也有提及頭和身的比例要正常，過大或過

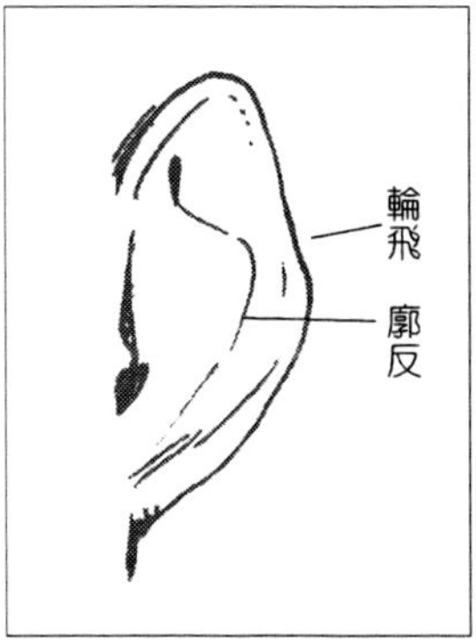

小都不理想，身和腰不相應是指，腰斜身傾，總之身子無論是坐仰或立，都要端正，行走如斜風擺柳之人，生活不安定。

先笑後語定非良，不言不語人難測。面上看來眉不同，一上一下形如蟲。如此之人若與交，眷屬之人亦不終。仔細看之須尋古，但看金木水火土。相刑相剋定取形，若也相生須得地。

先笑後語非善良者，給人帶虛假的感覺，但也不能一概而論，看看眼是否閃縮便知，這是精警的觀人法，可謂觀察入微。上下高低的眉毛不平衡，

眉毛不平衡

眉形鬈曲

又眉形鬈曲似蟲之體，一般是兄弟間的問題，因為眉乃兄弟宮，但又可引伸到朋友社交的層面。

五行形相是古時觀相之法，這裡有一點提到，我試以較淺白方法去解一下。五行分別是：金、木、水、火、土，主要看相生和相剋，來判斷是否吉相，相生者吉，相剋者凶，例如金生水，是金水相生之相，即面形方中帶圓，水生木，是圓中帶點秀長，木生火者，清秀中帶點尖形（如影星劉德華），火生土，尖形者面上帶點厚實。另外也有頭形與五官的五行生剋相配。甚至整個五官的：眼耳口鼻眉和頭形、面形相配，宜作全面的五行生剋比較，如此可謂千變萬化，這部份才是五行相法的精

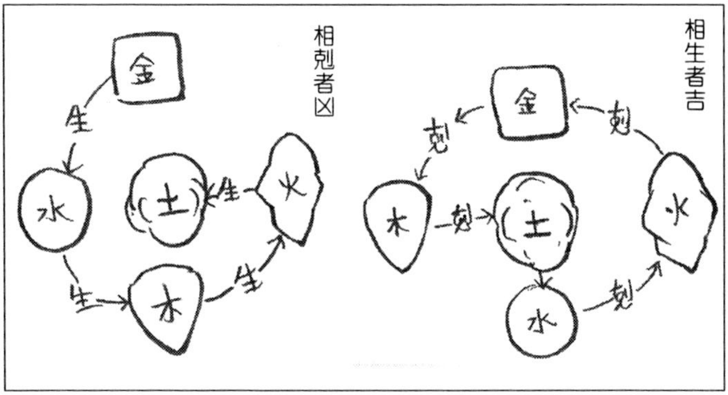

華所在。

五行相法博大精深，有機會定以專書作深入探討，這裡就只能作粗淺的簡介。

人中斜曲主橫死，上唇牽露多辛苦。左眼小而右眼高，欠母必定幼年拋。右眼小而左眼反，家財宮中多破散。更須看眼與單重，再拜父母添宗族。南人似北多富貴，北人似南只有名。有背自然能負荷，學堂學館廣中親。

上唇揭露有指是兔唇，大小高低不相稱者，多與親緣之問題有關，總之兩眼最宜大小高低相

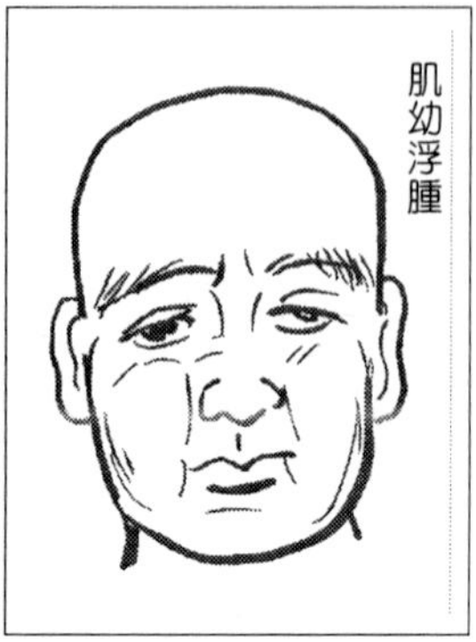

等，這與生理和心理的平衡有莫大關連，先天的病變與藥物最易造成這種情況。南北人上面都提及過了，不再重複，至於學堂，面相上有四學堂及八學堂等部位，可參考往後的附圖。

何須眉目定其貴，先看骨兮次看肉。骨肉兩般事更別，清亦貴兮濁亦貴。眞濁眞清方始貴，若還認得濁中清，早當食祿歸宮位，清怕浮而濁怕實，更怕眉尾分叉。管照神陳搏先生?裏金同

古法觀相，先察骨格次看皮肉，然後才再觀面相，因此骨相是古相法中的精華所在，文中所說極

其深奧，但可以說得淺白一些的，文中大致上想講骨與肉的關係，並以濁和清來分貴賤，只要是濁中帶清便是好相，亦即骨粗肉嫩，但清則怕浮，即是肌膚幼嫩的人，怕見浮腫，此為病者相，又骨重粗外露的人，則忌肉太厚實，此每見於低下階層，出賣勞力者居多。如果眉尾散，亦主財散。

又云面圓人亦好，更審聲音語須小。如此之人若與交，面前背後心難料。大凡相法識根源，金木水火土相連，相剋相刑多破敗，忽若相生富有年。

面圓之人屬水形，性格樂天、處事機靈，若以

水之人語聲小

語聲小來判定其人心難測，解釋似乎過於簡單，應該說屬水之人，其氣宜順宜足，不宜氣弱聲小，人以聲音為氣息之本，聲音五行屬金，氣弱便是水無金生，不單止水形人，其它四形何嘗不是以氣為重呢，實無分別。

五行相生相連，喜其相生，不喜相剋，金水相生者是圓中帶方，屬金水相生，若見人本來屬於瘦削木虛之人，但忽見其人面形飽滿了，再不覺得削，便是水來生木，餘者類推。

神秘論

人之所品在精神，以火為神水為精。火本藏心心為志，精備而後神方生。神生而後形方備，形備而後色方明。是知色隨形所生，氣乃逐生各有形。有形不如有骨，有骨不如有神，有神不如有氣。

人相在乎神，神在中國面相學上佔著重要的地位，但其理頗深，要解釋給人明白，一點也不容易，人的神與氣都在眼，以火為心、心在眼，眼神足則形隨相生，各種形相都有其氣質，氣又生形，形能在人的骨格中反映，故一個人氣足自然會神足了。

神之淂氣旺於春，大都神氣賦於人，神氣若油人若燈。神安自然精可實，油清然後燈方明。夜宿此心如寂寂，日居於眼覺惺惺。有時又有清中濁，有時又有濁中清。更兼風韻細數藏，坐久凝然力轉强。如此之人堪立事，輕浮淺薄便尋常，其次更看形與骨，骨細皮膚軟而滑。

人靠著兩種先天原素：神和氣，來維持生命，所謂油盡燈枯，人沒有了神、氣便難以維持生命了，神清氣暢，自是高人，其次又看人形體和骨格，要骨細和肌膚軟滑，是為上等人，相反形濁骨粗，多數為低下階層之人。

要觀生就與未就，旋有旋生終可久。或然未好已先盈，花未開而實已生。老人不欲似後生，老者應須要老成。人相的形態先看其骨，其骨細皮肉軟滑者。

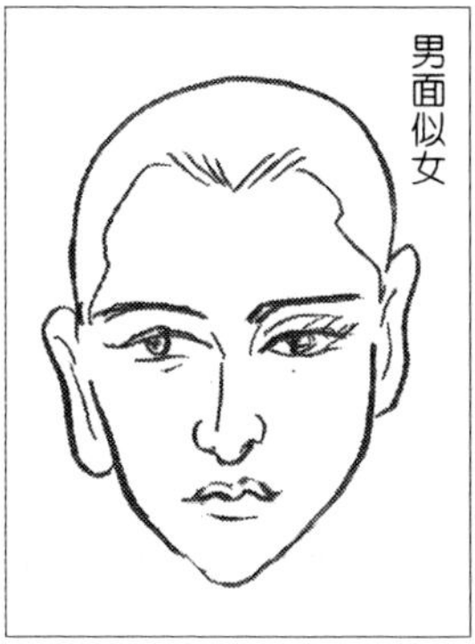

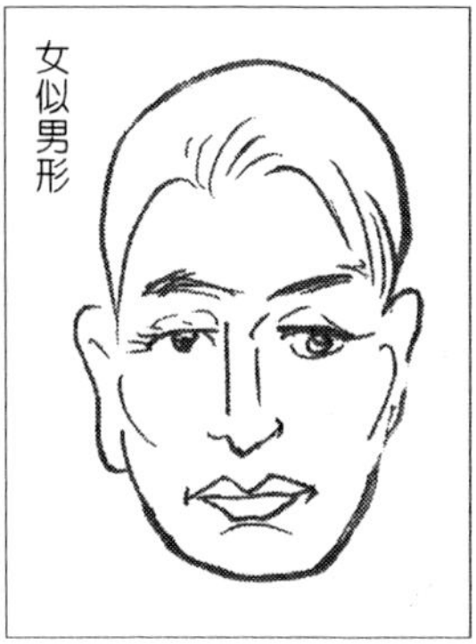

從一個人的坐姿上，可反映人的神與氣，力量與氣的強弱，輕浮淺薄之人，坐立不夠沉穩，常人而已，人相的形態先看其骨，骨細皮肉軟滑是文人、當文職，又主動腦多於用力，在以前多數人都是以體力勞動謀生，故亦應受到重視。

男子不欲帶女相，女人不欲似男形。陰反為陽夫早死，老懷嫩色壽星傾。丈夫女人兩般評，女要柔兮男要剛，女人屬陰本要靜，未言先笑定非良。良人有威而少媚，娼婦有媚而少威，令人一見便生侮，所以居身在至微。

人相學也是一種統計學，與別不同故然特出，但偏離了常規，尤其是陰陽顛倒，產生男女不分，老少不分的情況，但這裡要說清楚，也有一些人平常養生方面做得很好，又或是一生都從事接近小孩工作，或者是個藝術家，甚至是修煉氣功的人，亦很易會保持氣色與皮膚的幼嫩，給人不老的感覺，故不可以一概而論。

看女相古代一般都以莊重與柔順為大前提，現代社會有所不同，雖則男要剛、女要柔，但反觀現今乃女權當道的年代，甚至男人會覺得「女男不平等」，故而觀人相方面，亦須作出一些調整，方合當世之用。

木要瘦兮金要方，水肥土厚火尖長。形體相生最為吉，若然相剋定為殃。

在坊間相書中，於五行形相探討最多的，算是太清神鑑了，雖然未有很深入，但亦能提供了一定的認知。

比如說五行中的木，主要以木瘦金方，土厚火尖和水圓為本，能夠相生便是最好，即金生水、水生木、木生火、火生土、土生金，又以相剋為忌，即金剋木、木剋土、土剋水、水剋火、火剋金（見前圖）。

簡單來說，金主方國、木主瘦長、水主圓渾、火主尖凸、土主厚實。

五行相生

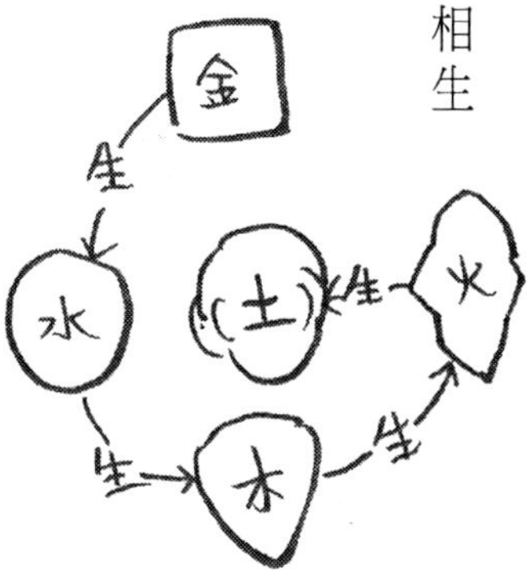

五行相剋

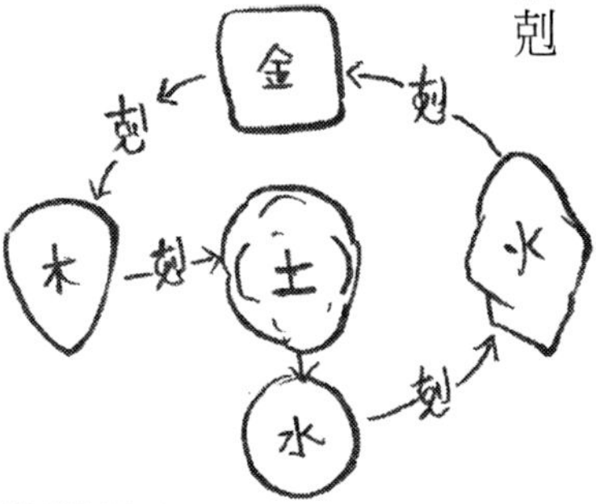

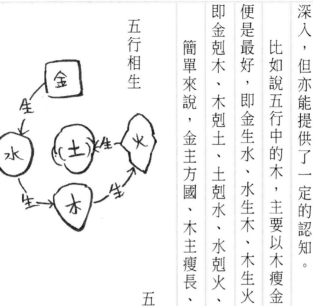

耳口鼻都很接近方形

金得金，剛毅深；木得木，資財足；水得水，才學貴；火得火，威武播；土得土，多倉庫。

所謂金得金，是指金形得真者，近乎入格，即「金形入格」不單止面形方國，且眼耳口鼻都很接近方形，餘者類推。又說木形得真者財富足，但一般更多的說法是在文藝方面有成就（歌星郭富城），水得其真者，主才學貴，水為聰明才智和圓滑（如影星曾志偉，玄學家林國雄），火得真者多為武將，現今便多從事於軍警界，或演藝界以表演為業，可見到很多能走紅的明星，都有這種火形得真（石堅、古天樂），擁有非常特出的火形面相

者，不能不提澳門賭王，他亦是火形得真的名人。

最後是土形得真者，其厚實的外貌體格，每多為生意人，又有在相學家中得見（面相學家林真），且土形又以五形相雜居多，頗難觀察，須要有功力的觀相者，才有能力從中取格。

金不金，反沉吟；木不木，多孤獨；水不水，多官鬼；火不火，多凶禍；土不土，多辛苦。

何謂：金不金、木不木、水不水、火不火、土不土？這個「不」到底又是如何成成立？筆者試舉一些現成例子，讓讀者初步理解。

之前有「金得金」即金得真，現在則有「金不金」，金不成者沉吟，主要是金型人每多性格剛直，但金相不成者，即五官不能配合，金形反受火剋，即多見火形五官剋金，於是便金不成金了。這個影響到金不能發揮其用，因帶著火之缺失，成為其障礙，正氣不能抒發。

文中又說：「木不木」，人孤獨，木人混金者是，即面型修長中見方角，木人顴露、腮露，眼、鼻和口都不秀而帶方角，這種人多數是懷才不遇，不為世所用，故有很強的孤獨感。

「水不水」者多見是非，甚至官非爭訟，水人面圓但卻多帶厚濁之「土」，令其水變濁，失去圓通本性，每多聰明反被聰明誤。

「火不火」則凶險多見，何解？火形本身已是個天生的天才和冒險家，所謂天忌英才，君不見很多天才都是早夭的嗎？ 火形怕肥不怕削，火人若見有浮腫，是帶水來雜，水火又豈相容，會變得性情古怪、行事乖戾，尤其火人眼圓睜露，會更形凶險。

「土不土」人多數捱騾仔，即出買勞力謀生，這主要因土形人雜以木相之故，主低下階層裡打滾。

（已上形論）只於形體本先瘦（木），次後初肥最為要（水生木）。若然始瘦又枯乾，木帶金兮災愈繁。一如形體本方正，次後背隆最為應（土生金）。若然始方卻又尖，金見火兮實為災。初中最好末生災。

以上所講的各種五行形相而論，先以木形作示範，如果木形人年輕時，原本是較清瘦的，中後期長相變得較圓渾有肉，是為吉相，這情況是屬於「水生木」。如果是先清瘦木形者，其後來變得更瘦削、露骨且無肉、面形枯乾，此為木帶金，成相剋之勢，命運便反覆向下。

方形人帶火

這裡又舉一例，其面形及體形都屬方正的，及後背肌肉變得隆厚，此又為土生金，是為吉相之應。

至於方形人帶火即尖凸，先是方形而後得尖削者，是為火剋金，金見火即面形既方國又外露，最明顯是眉骨、顴骨和腮骨之尖凸，此種人性格暴烈、好鬥，每見於犯罪者，故災事多。

若說初年方形後轉尖，初中年吉晚年災，最好先看上、中停，額眉眼鼻等，再觀下停優劣，方為穩妥。

腰臀都小步不開，初中不好末生好，腹肚初生懸壁

初方後尖

懸壁倒

倒。有臂有背能負荷，無背無臂空老大。看前雖好未為好，看後須好好到老，馬上大兮馬下小。

懸壁倒是指腹部像懸壁般平直，腹肚凹陷瘦薄，初中年運氣差，如從面相觀察，兩邊面陜亦稱作懸壁，太削太狹窄者，為面上的懸壁倒，主要影響到中年運失敗。另外背厚腰圓的人，其臀又不能削弱，豐者中老年都有運。古時人都是這般看法，富貴人家自然是有其渾厚的身形，削薄便每見於下等人，但時至今日又當別論，有不少男女為保持身材，甘於減肥求瘦，已不是絕對地以有無肉無肉，來作人們等級之分了。

兩眼欠神

更兼藏氣與藏神，八座三台官豈小。有財之人面似方。有土之人多在背（守土）。其在清資並極貴，面似月兮神似貝。有時舉眼隨身起，有時接語如身轉。

當官者必須眼藏神，氣息不淺，是為高官之基本要求，兩眼欠神者，為官易遭罷免，這點很準，之前有位前朝高官，本來名望足以成為高層領導者，可惜的是，雙目由藏神而變得欠神，於是官位不保矣。藏神又如本身之能自保，欠神則不能自保了，故而在無情的官場上，不能無神又大忌神太露，藏神是最好的，但又絕不能欠神，這當中實有

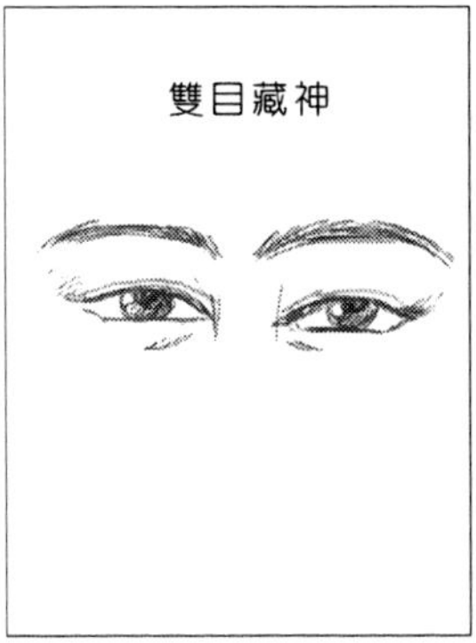

深層哲理在，很值得深思。

舉眼隨身起，這是形容人的身心一致，意到即能身隨，至於有時接語如身轉，大概是語出便已轉身，聲到即能身隨，形、神、氣都能隨發隨收，是以清貴異常。

近觀有媚遠無威，久視方明初似晦。更有一法何所謂，只有鋒芒始為貴。器宇瀟灑風韻美，如此之人豈常類？器宇瀟灑風韻美，如此之人豈常類？

近觀有媚是指初接觸其人時，像很能交際，表現得體、面面俱圓、處處逢迎，這種人表面有一種

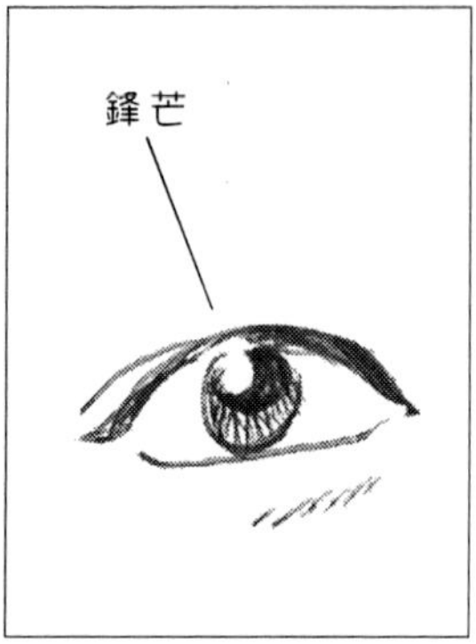

「媚態」，能吸引一般人，但卻無威嚴在，尤其遠看之更難見，也不耐看，久視便會失去光采，因此這類人被評為不成大器。相反，初見時似無甚神采，但久觀才發現其神采明朗，這樣便被視為能成大器，乃可造之才。當然大前提還須要本身生相不錯。

有一種觀人成就高的方法，是看其雙眼有否「鋒芒」，並以鋒芒為貴相，但這說法很多相書都並不一樣，反而以目露鋒芒為忌，指鋒芒太露會產生禍患。

相信書中所指的，是一種眼中神采，能稍稍閃現，而非接近凶光的「目露鋒芒」，這一點不可不察。

事實上，在現實中兩種眼神都會出現，同樣準確無誤，筆者每見人雙眼浮出了一點光在眼神之上，這是目露鋒芒，不久便禍生不測了，但另一方面，亦有不少正在走運獲得大獎的人，也會雙目露出光芒。

眼睛在一時間，於某場合，受到環境的五光十色所反射，亦會如是，如果平常日子也這樣便不好，我們看相當知，眼神平常都須要收藏，以「藏神」為吉，但如要取得勝利，又得眼上出現所謂的「鋒芒」，方能力壓眾多對手，脫穎而出，於是便有出現鋒芒的適當時機。

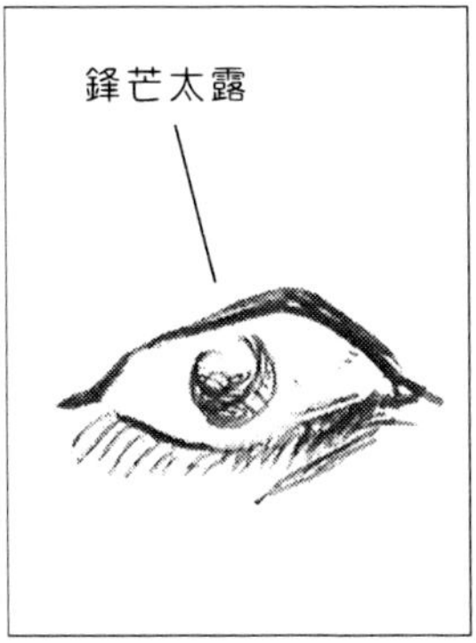

最佳的觀察方法，可以收看電視上的選美或歌唱等比賽，眼中帶有一點光芒神采者，多數能脫穎而出，但若要得到日後長遠的成果，又須要回到雙目藏神，光采內斂。

有一點必須補充，就是眼的鋒芒也不能太露，太露則浮，亦會以失敗告終，讀者必須細心明察。

信知顴骨有四般，入耳無邊壽數寬。插上天倉須兩府，鬓髻之下當守土。清奇古怪秀異端，七者為身亦合論。清而無神謂之寒，異若無神多削弱，端而無神謂之粗，七者有神乃衆殊。

顴骨有四般，是指四個伸展之方向，其一是分左右而向上插天倉，其二是分左右平插入命門，即一是向上插，二是向橫伸。顴插天倉乃大貴之相，

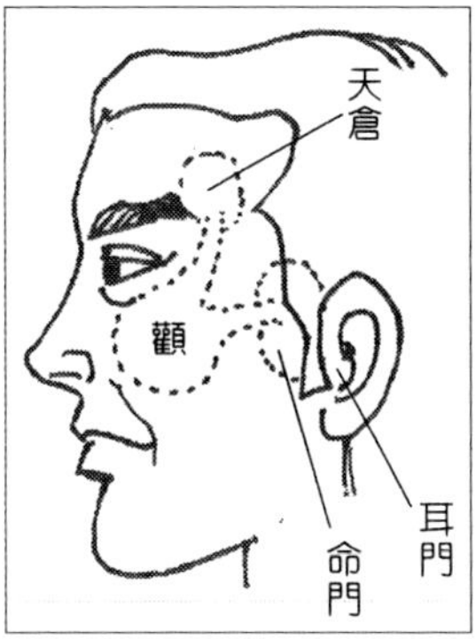

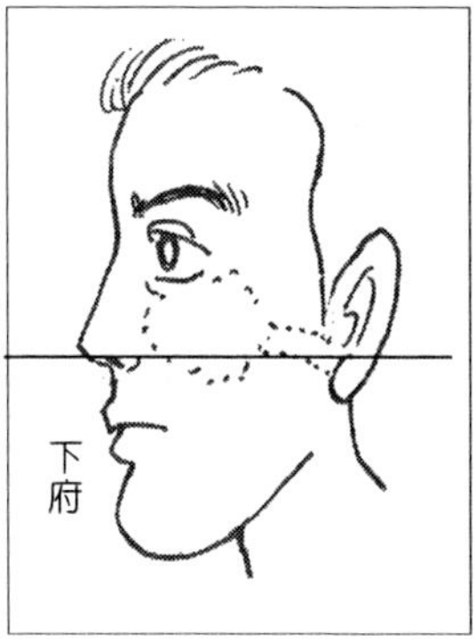

顴插命門入耳門者則壽高，面相六府，天倉為上府，入命門是為中府，插向上府者，古時是鎮守邊疆之大將，現代很可能是位外交大臣，插入中府亦略有官職。

如果顴骨是插向下，入下府，落入兩鬢以下，便屬守土之卒而已，如顴骨不起又不現，便是沉常人，對社會及國家並無甚麼貢獻，如是者大可以套入現代社會作比較，其理亦通。

遠視之人心必遠，視高之人心必高，視平之人心必善，下斜偷視主心豪。眼睛若露終兇死，精神矍鑠亦徒勞。須知眉平眼又平，必然為道又為僧。紫衣師號如何得，伏羲骨肉頂中生。眉眼多生神殺現，縱為僧道不成名。

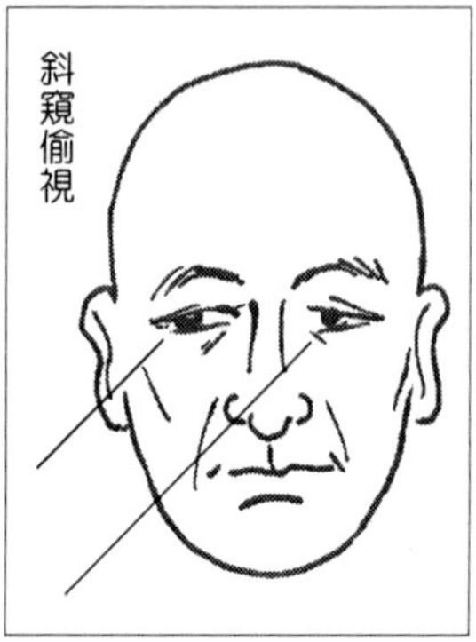

人的視線放在遠方者，其志向亦遠大，視線偏高的人，其必然心高氣傲，兩眼平視者心平和善居多，若然視線向下者，本屬於自卑無自信的人，但若加上斜窺偷視，不是屈於權勢，便是心存險惡之徒。

眼睛外凸、露四白者，定必凶災多見，即使是年老的人見此亦然，精神矍鑠是指長者目光炯炯、精神健旺、老而強健。

少年得第踏青雲，眉目分明氣骨清。眉目分明氣骨俗，只有文章豈有名？更有一般行屍肉，須看肩高與頭縮。要知南人面似北，身大而肥有水色；欲知北體似南人，體厚形小氣薄清。南人似北終須富，北人似南終享榮。

少年人早踏青雲之路，當然是有相可尋，眉眼就是先要看的部位，次看骨格，若然眉眼生得好但骨粗露，是為清中帶俗，其人雖是個有才華的人，卻有名無利居多。

肩高頭縮故而不好，文中又再提及南人北相及北人南相，無非都是指群體中有出類拔萃者，總之以相好方為準。

富人不過厚其形，貴者當論骨與神。貴在於眼富在耳，貴人同富誤於人。

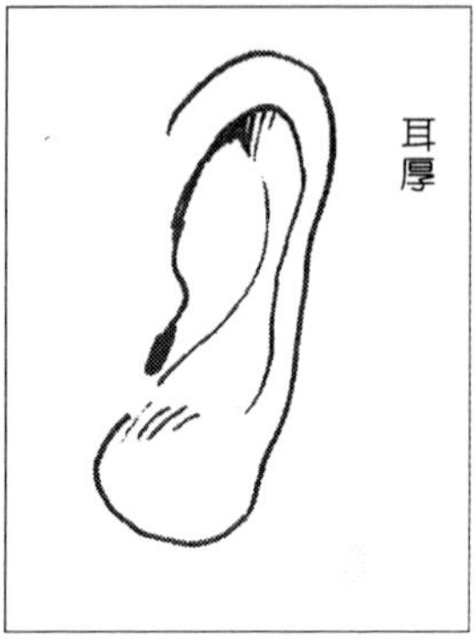

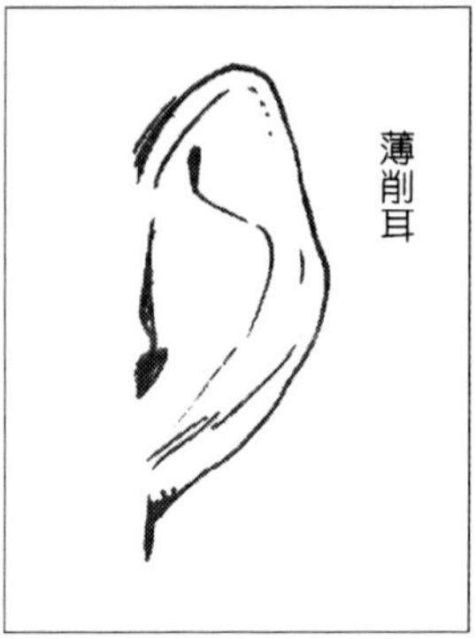

富人先看其厚，包括了皮肉和形態等，厚其形即是指外形骨肉平均，厚而不薄削，尊貴的人又以再深一層的骨格配合神氣而論，故問貴每在眼中，要看其神，貴人自當眼有神，這無可置疑，但說到問富看耳，問題是一般相書都說問富在鼻、問貴在眉、問壽在耳，與之有所不同。又說「貴人同富誤於人」，如照字面作解，可意會為貴相者與富相不能相提並論，文中大致想說一個人雖然骨格好、眼有神、有貴氣，但也只是清貴有餘，若要財富充足，亦須要「厚」，即外形皮肉豐厚，不單止耳朵要厚，口為食祿亦要厚，耳為福祿，鼻為俸祿，同樣都要重視，否則只貴而不富，或富而不貴，都未

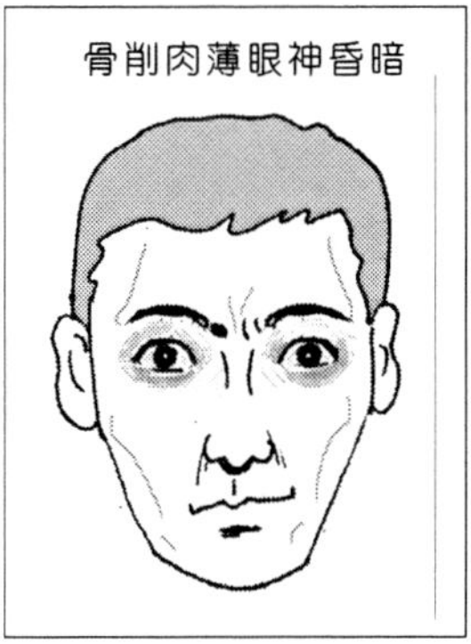

能富貴雙存。

不貴似貴終須貴，不貧似貧終須貧。貧中地貴因何識，看取驛馬先生骨；富中反賤又何分，胸高骨寒神太昏。

貧中取貴者，以額上兩邊太陽穴的驛馬骨起，它日貴而取富，相反富中反賤者，胸高骨寒，骨削肉薄又眼神昏暗，這每見於生性貪婪的有錢人。

借問相中何取壽，認取聲名骨又秀，若或氣短骨又露，四十之前壽必故。耳要白兮口要紅，眉清目秀鼻如筒，更兼六府相朝揖，富貴一生到老終。鼻樑安兮山根折，少哭尊親並骨肉。

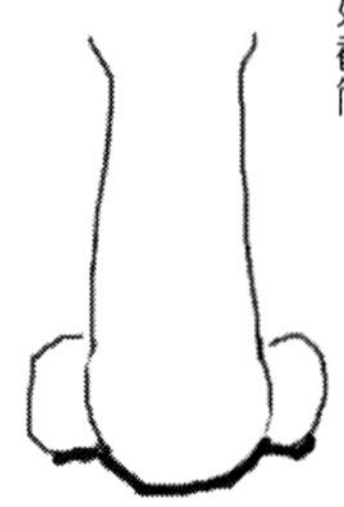
鼻如截筒

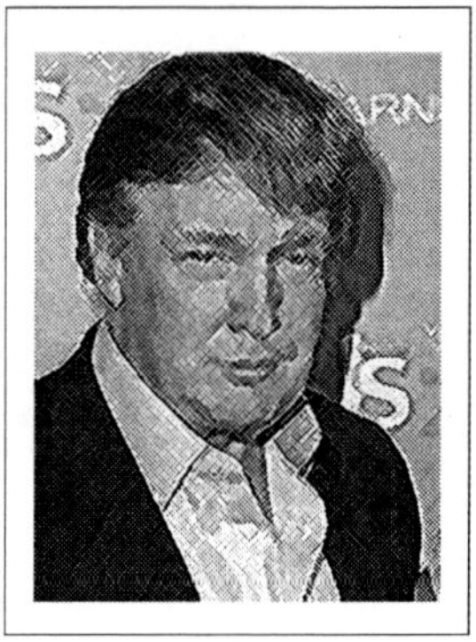

論到壽數之高低，這裡先取骨秀，主既壽而貴，老而名望高，受人尊重，另又要耳白帶微紅為好，眉目清秀，鼻如截筒是形容鼻子豐厚樑粗，由山根而下，有如截筒，因此相書稱之為「截筒鼻」，大家看看特朗普的鼻子，便可一目了然，再看其六府同樣是相朝揖的，故而富貴終生，若鼻上入氣的山根折斷，即兩眼之間，主六親無靠，少年時期欠缺親人的助力。

弟兄無一眉粗短，耳無輪廓主無兒。
更有一法須要識，結喉露齒主妨妻。

眉屬於兄弟宮，眉長兄弟多而能互助，文中說眉短而粗無兄弟，大多數相書說眉毛淺薄者兄弟少，有亦欠親情，耳無輪廓為開花耳，少年苦、晚年悲，眉耳皆差者每為孤苦之人。

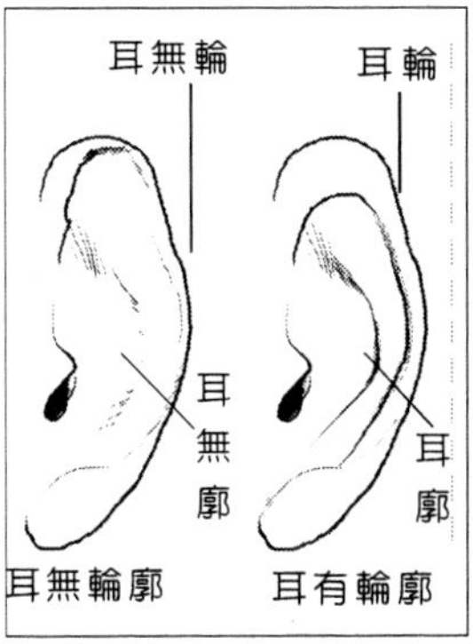

大凡須看氣與色，色浮皮外氣居皮。（皮外者色，皮內者氣）來時如繭去牽絲，去似馬尾將欲撒。為福定隨日影去，為災直須終日聚。不拘青黑與紅黃，但認發之在何處，若能依部以看之，足知多善與為惡。稱意之人何所識？

看取三光並五澤。若還諸事不如心，其位自然皆暗黑。

三光兩目上鼻金耸兩耳珠?頭為澤印堂兩金併地閣

氣色的看法，分成內外，色浮於外，代表吉凶之事已在眼前或未來即將出現，若色藏於內，為未發之氣，乃將發生之吉凶事，故氣與色之透露深淺表裏，非有豐富經驗相者，難有所知。來時如繭去牽絲，去似馬尾將欲撒。為福定隨日影去，用以形容氣色之來去發露與去留，想像力豐富的朋友請盡量意會。

另一句很值得細意思考，為福定隨日影去，為災直須終日聚。又不拘是何色，細察出自何處，依部位便可知善惡。這說得簡單，但卻有深度，運用起來更要有一定的世間智，善看氣色的高人在上世紀還有，現在已近乎絕跡了。簡單來說，氣色取其黃明，不宜黑暗，這也是人知常情，總之氣色絕非三言兩語可以透解，這裡意指各個部位如呈現黑暗時，自然會反映該處有問題，例如鼻上黑氣可視為財困，餘此類推，大家先在形相上下功夫，累積出經驗，自然有能力參透氣色。

形滯之人行步重，神滯之人聲必硬，色滯之人面塵埃。

何謂滯？相信頗接近於呆，至於形滯與神滯，形滯者步伐沉重，行動每多窒礙，神滯則可聽其人發聲，音窒而硬，語音不清是也，除了形滯與神滯，還有色滯，都是一個「滯」字，人有運滯、氣滯、滯留、滯塞和食滯……總之滯就不是一件好事

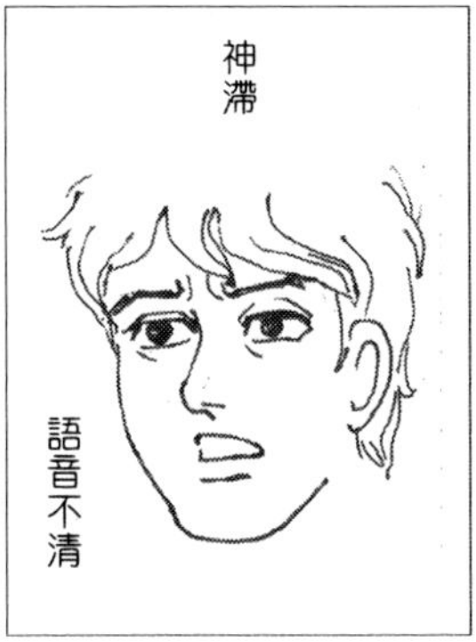

鼻上氣色總論

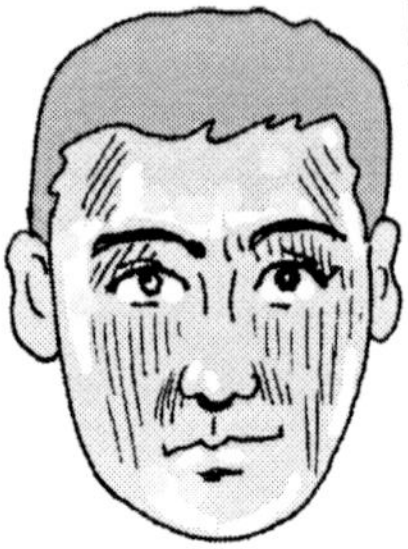

面如塵埃

情，通路停滯便不能前進，如果人碰上了滯運，可想而知會阻力重重。從人相中看滯是只能意會，難以圖文解說的，要看讀者的領悟力了。我的經驗是，面色如生塵埃，這定然是行衰運者才會有，色暗的人往往像面上蒙污一樣，這和書中所說十分敏合。

飛禽走獸有數般，莫將禽向獸中看，瘦長但向禽中取，肥短之人以獸觀。似虎之人取其項，似犀之人取其背，鳳要眼長鶴神削。似禽不嫌身瘦小，似獸若肥為最要。禽肥必定不能飛，獸若肥兮安能走？吁嗟流俗不知因，要知飛走取其形。若入正形須大貴，依稀相似出群人。

中國相法有所謂動物之相，這點不足為奇，中國武術也有各種動物形相，如虎形、蛇形、鶴形等拳術，為數亦不少。禽類與獸類各有特徵，各自不同，外形瘦長多以禽形為主，肥短之形則以獸類觀，至於各類形的飛禽走獸，都帶有主觀性存在，可謂見人見智，總之以面形與體態為取形之法，但更重要的卻是神髓、動靜形態等，都可作為依據。

如能入得「正形」者，方顯大貴格，命運才顯得超乎常人而出大成就，如屬於隱約相似的話，也會是個出類拔萃的人，但這裡須要小心存疑，比如說其人像凶殘猛獸之暴相，又如何能得善終？縱使顯赫一時又如何？最終都會破敗收場。

但筆者也見過現實中，有好些能大富大貴而形似動物正形者，試舉例說明，大家可以參考以下的各界名人，因為他們都生有一副奇相，可作動物形相觀：邵逸夫（鶴形入格），劉德華（鷹形入格），唐英年（馬形入格）。

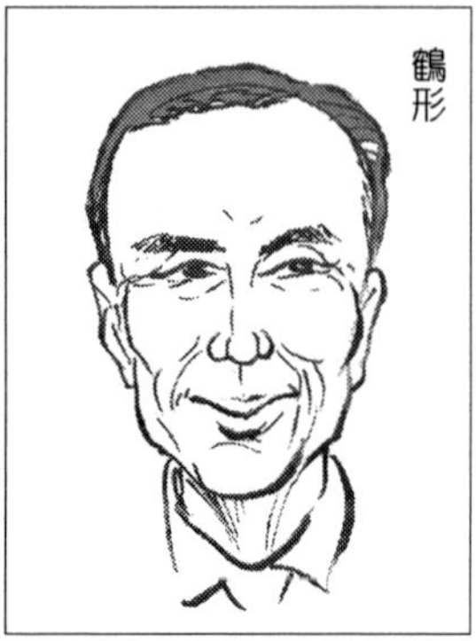

日角龍紋雖謂奇，所謂不吉仍何為？三尖五露不入相，所為若善福相隨。若不以心而論相，是將人事逆天時，若還人心相應相，相遂心生信有之。大凡微妙不難識，要在心通與眼力。但將此論細推之，長短於中無不得。人倫風鑑同

日角龍紋是指在額頭上生有往上斜升的線紋，

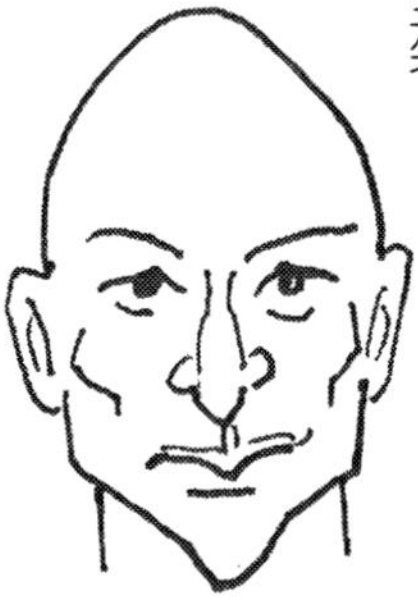

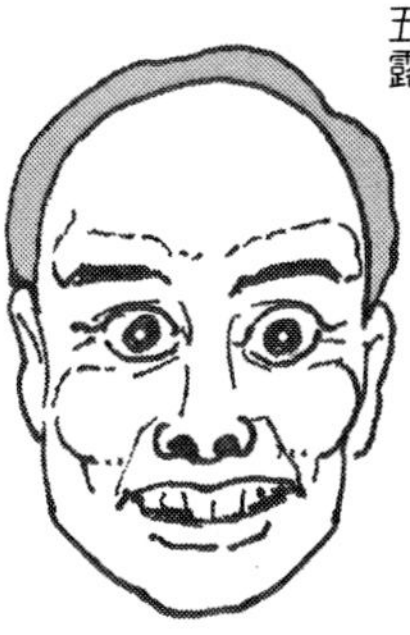

喚作龍紋，可對相中之缺憾有所幫助，即使相中有三尖五露的缺憾，三尖者：頭尖、鼻尖和嘴尖，五露者：眼露、鼻孔露、齒露、顴露和眉骨露，屬最差劣之形相。

有龍紋者能多作善事，亦會福運相隨，這是心之動相，本書指人事不能逆天時，但以心相應則可相隨心生，面相亦會自然轉變，變得尖中帶圓，例如鼻頭尖的人變得準頭圓，而外露相亦會變成有肉包，故而三尖五露亦隨之扭轉，由劣相變成成吉相。

成和子統論

成和子曰：予常內收視反聽，一無所有。縱觀萬物，見富貴貧賤之不同，未悉其誰與之耶。（識者曰：必造物與之也）見吉凶壽夭之或異，未悉其誰與之耶，（議者曰：必造物與之也）如是，則物為其所者，固碌碌矣，而造物者豈真聽之也？求其端，方其理，是豈偶然哉？其所以不同者，皆出於自運自化，故有造物者主之而已。

世間的萬事萬物，富貴貧賤，各有不同，世間的吉凶壽夭也各異，我們人類憑甚麼可以知道過中之玄機？就是參透造物之循環，和物理的基因變化，中國古時的智者就是以觀天地、推四時，從而得出氣運消息，繼而了解大自然的運轉，和萬物生化，上天就是萬物之主，人亦為萬物的一部份，受著四時氣運之影響，故生成種種不同長相形態，這都是出自於「自運自化」，而所謂的造物主，亦即老子的無為而為，無為而治。

若夫於其一無所有，則內焉與道同體，外焉與造化同功？而造物者又焉能去之也？且其形於天地之間，為形相異。生死榮辱，循環無端。其間不失其本，可以語道，為貴人其庶幾焉。如知所謂貴人者何來？其故有自來也。

玉管照神云：不能見道所以出生入死如循環然故造物者得而主之也

佛家有句名言：「本來無一物，何處惹塵埃」，上文所說一無所有，與道同體，與造化同功，實同出一理，只是講解不同而已。玉管照神局一書說，不能見道，所以出生入死，亦是佛家十二因緣中，生死輪迴的說法，世間事物和人的貴賤亦在其中（筆者佛學書「西遊解心經」）

ttps://www.pubu.com.tw/ebook/81737

希夷子問成和子曰：請言其來所自，成和子曰：其來有五：有自修行中來者，有神仙中來者，有星辰中來者，有神祇中來者，有精靈中來者。希夷子曰：可以形相別乎？成和子曰：可。

這裡提出了一個很獨特的觀相方法，就是人的前世從何而來，其中觸及的不少都是方外之物，以形貌區分人之前世出處，下文便是所舉的眾多例子，論點帶神化色彩，讀者諸君研究相學之餘，可用作參考。

形貌清古，舉動恭謹，性善氣平，言極至理，雖在朝廷，常有山林之趣，此修行中來者。

形貌灑落，舉動風雅，性惠氣和，言涉方術，雖在朝廷，常有修煉之志，此神仙中來者。

形貌顯赫，舉動嚴肅，性明氣直，言涉造化，雖在朝廷，常有脫塵之意，此星辰中來者。形貌奇異，舉動急速，性靈氣剛，言涉威猛，雖在朝廷，常有祭祀之敬，此神祇中來者。形貌醜怪，舉動强惡，性酷氣暴，言涉浮邪，雖在朝廷，常有殺伐之心，此精靈中來者。

五者之中，神祇、精靈以威武為貴者，其性稍從善，或增積善根，亦可進乎道也。

這裡有五種形態，分別是：一清古　二灑落　三顯赫　四奇異　五醜怪

形貌清古者從修行中來。形貌灑落者神仙中來者。形貌顯赫者從星辰中來。

形貌奇異者從神祇中來。形貌醜怪者從精靈中來。

上面的各種形相對照，其真實性到底有多少，相信考證不易，但這又不失為前所未有的創見，提供後人尤其仙道修行者一個探索的途徑。

文中特別說到五種形相中的其中兩種，神祇及精靈，即形貌奇異和醜怪者，若在其身份於武貴時，能修善心、積善行，亦可以有機緣取得修身入道的境界，令未來本身奇異和醜怪之形貌有所改變。

夫人生在世，固多般矣。或為碌碌仕宦，或為區區四民，或進或退，或得或失，或多歡樂，或多憂惱，或初貧窮而終富貴，或始富貴而終貧窮，或始貴而終賤，或始賤而終貴，或富貴而夭，或貧賤而壽，或生於東南而旺於西北，或生於西北而死於東南，以至婚姻、飲食、交遊、聚會，不期而致。如響答聲，皆緣所作而受報，未嘗有毫髮之差。昧者由之，而不知也。

這段說到人們活於這個多變世間，各種各樣的人事，萬千複雜，大家都為了功名事業，很多吉凶進退，產生種種樂與憂，有些人開始時富貴晚景淒涼，有些則相反，始賤終貴。

還有方位上的優與劣，生活上的一切造作，都能製造因果，形成了佛家所說的「受」與「報」，只是眾生蒙昧不知而已。

這段文章明顯是佛家的因果論（佛家有：色、受、想、行、識和因、緣、果、報），但這裡並未有涉及命相的部份，往後便開始引伸出形相來了，我們且再看下去。

希夷子問成和子曰：可以形相分別，使昧者可以避惡趨善。是亦明之一端也。成和子曰：事有所行，理有所言，苟使人避惡而趨善，當得陰報，非帷兇咎自遠，亦可以識來世之果報不深。則形貌偏枯，氣色雜碌，骨雖起而不聳正，面雖開而無肉，故為碌碌仕宦。

我們為何要學命相？相信各有因由，但真正的大道理，這裡卻有一個簡單的解釋，用形相之學來辨別吉凶善惡，能做到趨吉避凶，積善之人定有好報，即使今世未報來生亦報。若然是當世的果報不夠，便會生出了形貌偏枯之淺薄相，且氣色雜而不清，骨格雖起但橫露不直，面雖然闊但削薄無肉，如此都是打一份忙碌的工作，位置卻不高，始終屈居人下。

或眉疏而眼秀，氣稍清則為士。或皮粗，或肉重，或氣混濁，則為農為商。骨巧而肉薄則為工。或氣散而色沉，故為四民。進退得失之不常，蓋因形相之不全。

眉清疏、眼秀長，是氣清相，讀飽了書在政府機構做文職工作，若然皮肉粗重、氣息濁，多在市井出身，五嶽起則可從商界打出頭來。骨細肉薄者以技術勞工為多，氣色不聚，散而色沉為平民百姓，形相不全者即五官有所缺失，其人生亦不會穩定。

骨氣渾厚，精神閒暇者，多歡樂；骨氣清薄，精神露見者，多憂惱。形神正而氣色不開者，始貧而後富；氣色嫩而形神不藏者，始富而後貧。五嶽相朝

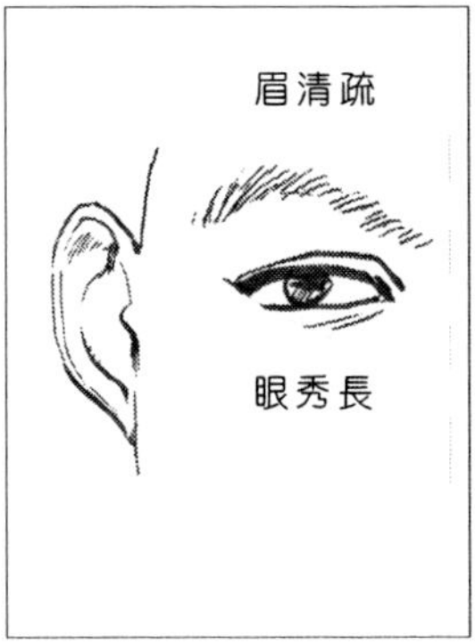

原文

耳

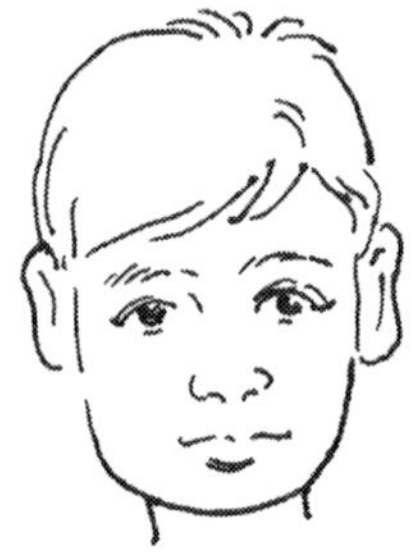

五嶽磊落而未開，五星分明而未出者，始賤終貴；五嶽磊落而俱走，五星分明而跼促，始貴而終賤。

這裡提到骨氣，甚麼是骨氣？本書是這樣演繹的，骨與肉之間表現出來的厚與薄，是為骨氣，骨肉間較渾厚者，生活較為安閒，骨肉間清薄者，是較感性的人。形神屬於外，氣色則藏於內，故面上氣色嫩，是為不藏，形神雖藏但氣色不開，始貧後富，這種說法較片面，至於五嶽相朝但未開，是指額、顴、鼻、下巴高聳朝捧，這當然是富貴好相，但未開便是五嶽五官都有點靠攏在中間，欠了向外開揚之勢，主初時貧賤，若要最終顯貴，都要及後

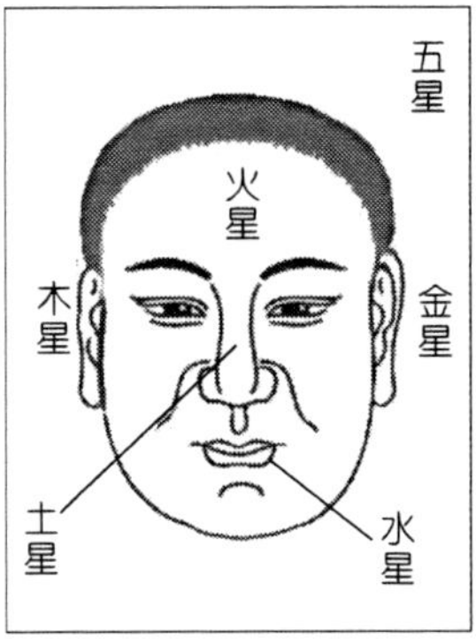

五星

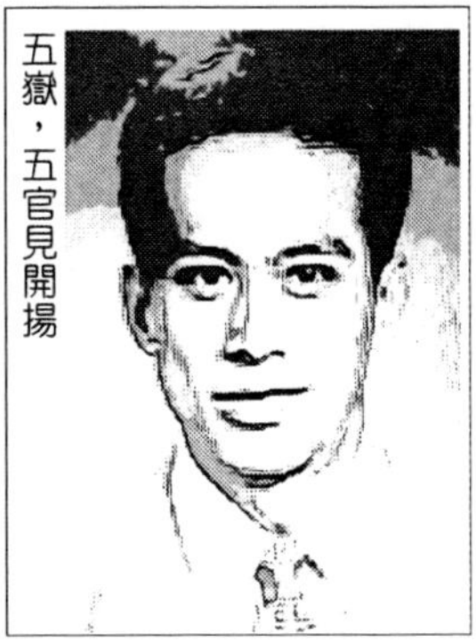
五嶽，五官見開揚

於成長中，五嶽和五官漸見開揚。

此外的五星分明而未出，亦如此理解，五星即：左耳為金星、右耳為木星、額為火星、鼻為土星、口為水星，文中所說的未出，應該是指人年幼，五星各部位尚未明顯，但隨著成長，眼耳口鼻都更有力，形成與別人不同的樣貌和優勢來。

部位峻急，氣色嫩而面光，故富貴而夭；

部位開伏，氣色燥而深沉，故貧賤而壽。

部位峻急是指骨起少肉，看上去面上的骨格，有如山峰之高削，皮肉薄便給人一種急滑感，因此有嫩而帶浮光之說法，此相者雖然多數生於富家，自小不用操勞，但卻富而不壽，相反五官六府等各部位都開揚，伏而不露者，雖生於田野之家，自小便每天都要操勞幫家，受天氣之影響下，肌膚較粗糙，面紋亦較深，生於低下階層，但卻能健康成長。

以上都是一種統計，當中自會有例外，就如人的命運一樣，過中有著千變萬化。

頤頷連地閣，而龍宮門常有潤色，生東南而必旺於西北；神光散入邊地，而山林常有潤色，雖生西北必定死東南。亦有西北之人旺於東南、東南之人死於西北，其驗者，山林、邊地之氣，但由青、黃、黑、白、赤、休、囚、衰、旺而推之，乃可見矣。

頤頷屬於下停，與地閣即下巴相連，龍宮在眼周圍，上述部位經常色潤，主生於東南，旺於西北。山林在兩邊髮際內，邊地在兩邊頤部下，有說是看人之歸宿地，古法看氣色，以青、黃、黑、白、赤為主，再配以四季四時的：休、囚、衰、旺，從而推測出人在這方面的訊息，當然我們未必能從這短短幾句要訣便能全盤明白，但作為一種點題思考還是有用的。

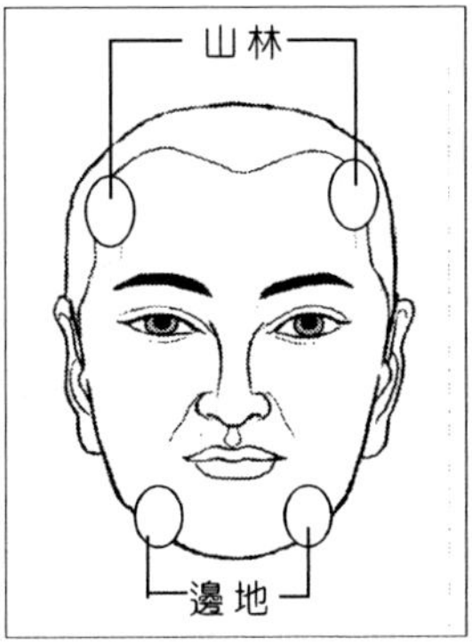

前面提到，中國面相學的前期，都以觀察與統計為主故有本段異地異相之說，每個地方因為自然環境各異，故有不同面貌，形成各種風土特性，因此觀點與要求都略有分別，這又是另一種學問，而

太清神鑑在這方面便有較深入的觀察和統計。

其實生長於某地而發於他鄉，在現代人是很平常之事，但在古代就不簡單，因為現今交通發達，在網絡普及下，已把世界各地的人拉近距離，未必單憑氣色便能推斷發於外情況，故思路保持科學就是。

故婚姻之遠近、貴賤、就魚尾、龍宮氣色看之；食祿之遠近、榮枯，就官祿、驛馬氣色看之。大凡氣色紅黃者為吉，黑白者兇，發深則近，發淺則遠。氣色和則聚會交遊多喜；氣色暴，則聚會交遊多惡。

看人的婚緣，可於龍宮眼框和眼尾氣色中見，通常黃明婚期近，事業運則主要看額上兩邊的驛馬，兼看印堂上的官祿宮，部位氣色紅潤黃明是為吉相。

以至歷清要、遭貶責、受戮辱者，若雖在眸子之瞭眊，精神之秀媚，未有不由用心之太過也。希夷子曰：至理之論，不出與此，竊見世人或以五行取形，或以飛走取形，未知孰是。分三主、九曜、十二宮，亦不可以見，定說可得聞乎？

人生在世，相信每一個人都曾經受過老板或上司的斥責，甚至是遭受到辱罵，即使你怎樣盡責，依然會有針對你的人，繼而是降職或開除。另說秀媚得尤如一幅字畫，是不經造作的，但仔細望去，雙眼之神情是經過刻意假裝出來，這明顯是用心太過，自與前者不能相比，而這些都是人的行為造作相，並非容貌之形相。

一般人以五行取形，還會在動物禽鳥中取，開展了多姿多采的形相學說，古人以統計方式作為人相學的進程，但現代人有時候不解，愈弄愈不分

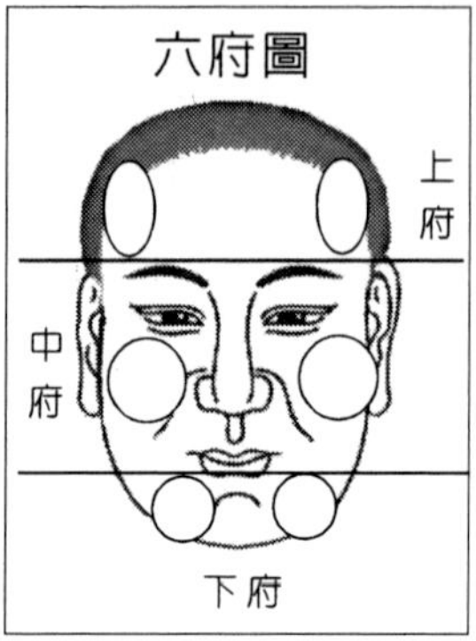

明，但都是人之常情，只要理清古今觀相重點所在，人相至重要還是各個部位的區分，比如三停、五岳、六府和十二宮等，這些都是面相基礎，再配合個別部位優劣，人命吉凶自能解釋。

> 成和子曰：人稟五行而生，飲天之和，食地之德，未有不由乎五行。因而取稟，須識五行之性，故能理其說而載於形。以飛走取形，則議物理自然之意。如《易》之取像，既以天、地、風、雷、水、火、山、澤之八物，以像八卦。

人居住在地球，而地球就是由五行而生生不息

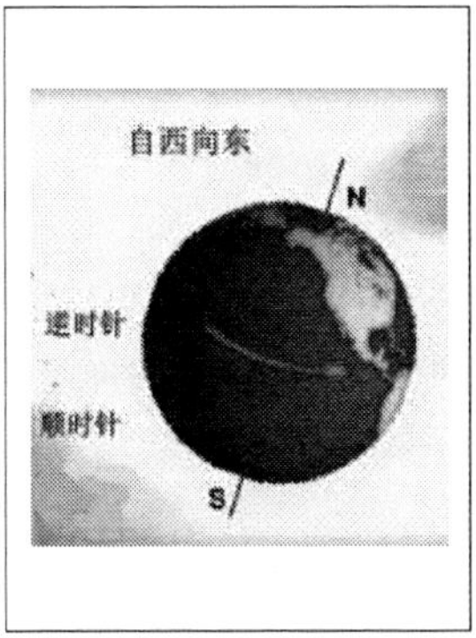

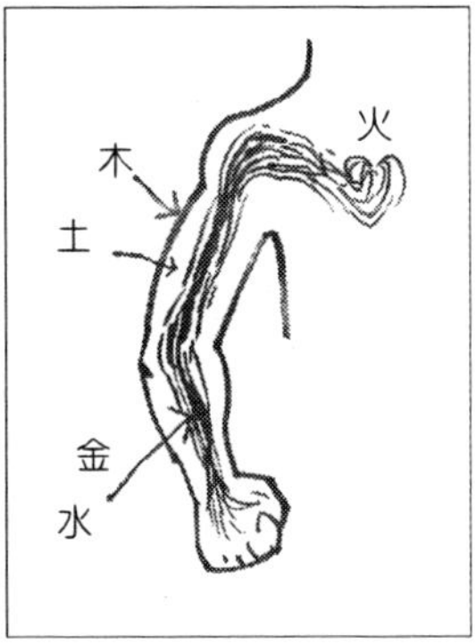

所形成，人體亦復如是，金為骨骼、水為血液、木為髮膚、火為熱能、土為肌肉，觀相者若能認識易經陰陽之道，觀人論相便可以更有深度，面相亦如其它中國學術一樣，都是源於易經，故取象以：天、地、風、雷、水、火、山、澤，其中包含了自然界的各種現象，代入人面相中，令學說更為豐富，一些相學經典便有用風水來代入面相中。

又以牛、馬、龍、雞、豕、雉、狗、羊以配之。其為物也微，其取類也大。以飛走取形亦如之。其物之為貴者，莫過虯、龍、鸞、鳳、龜、鶴、獅子、狻猊之類，其次則麟、虎、猿、猴、犀、象、牛、馬。

各種動物配以人相，其為某種動物之特徵如能得其真者為貴，無論是形神十分相像，或是 外形略似，都帶得一點貴氣，文中列出各種動物並分等級。但注意要懂得分辨面型骨格和五官比例，並以人為本，動物為輔，方能判斷吉凶貴賤。

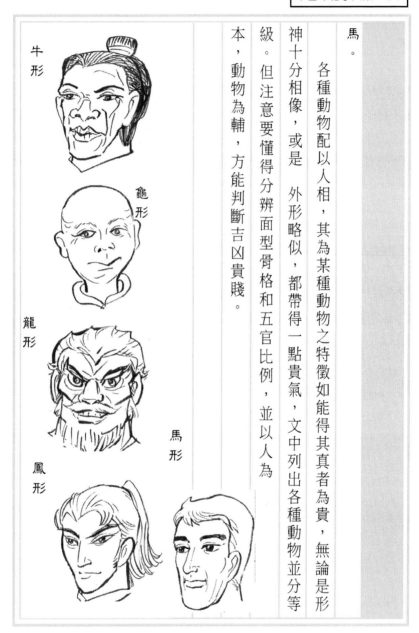

凡此十類者之中，均為物也，自有不同。故虬、龍一類，有飛有蟠，有病有懶；鸞鳳一類，有翱有翔，有孤有飢。虬龍則岩巉而身長，鸞鳳則端正而眼細。虬則小，田龍則大，鳳為雄兮鸞為雌。骨格相似而神氣不正，則取其飛蟠病懶翱翔孤飢之勢以況之。

每一種動物都有著強弱之分，故也有等級之別，以定其貴賤，從骨格方面探討，動物的骨骼當然與人類有很大分別，但某部份相似還是有的，例如猴形，非洲人較接近原始大自然，樣貌也很接近猿猴，其它動物則多數相距較大，看相始終以神氣

猿猴形

為主，若神不相像，即使動態近似亦會失分。

鶴則清瘦而脛長，龜則清古而眼雛。二者靈物，其形相類，不求貴達，亦當得道。獅子則昂藏，狻猊則小於獅子也。猿臂長而面圓，猴則面瘦而眼圓，牛則行緩，馬則驟而急，其大略如此。然正形故難得也，此特取可貴者而言。

鶴形的人外形瘦長，很像影視大享邵逸夫，其餘亦有提到龜形和獅形等，總之愈形神並似，便被視為正形和得真，但也要注意，始終還是要以人為本，否則變了一隻怪物，又如何說得上貴相？

以至麋、鹿、彪、豹、狐、鼠、鶉、鴿、雞、犬、豬、羊、鵝、鴨之類，凡有生有性者，皆可得以取像，非博物元機之士，能觸類而推知，亦難知矣。蓋取形又不須全似，但以耳目口鼻，行步趨向，得其彷彿皆是也。

動物也是生物，故亦有其形貌本性，如是者便可取其代入人相之中，視其五官與行為舉動，是否近似，以作論斷。這裡筆者有個很有趣的觀察，就是長期接近某種動物，便會有那種動物的近似長相，這個不由你不相信，只要細心留意便會發現。

嗚呼！知人難於知天矣！天有寒暑之可期，人有傾危，則在於反覆之間；天有晦明之可見，人有容貌，則在於深厚之間。天有旦暮之可數，人則有朝秉權要暮為逐客、朝處蒿萊而暮致青云者，實難知也，惟用心若鑑之士，則真僞不可逃也。

知人難，這是事實，但學得觀人之術，即使是難亦能從中取得個中玄機。以面相比作上天之的變化莫測，所謂「天有不測風雲，人有旦夕禍福」，一點都不為過，這正正是天人之間的關係。看相的另一個最大用途，就是在真真假假，難以分別的世間裡，憑著觀人之術，分出真偽，把相法活用於日常生活中，如此看相功用便大了。

面有九曜，鼻屬金、眼屬木、耳屬水、口屬火、面屬土、左顴骨為羅、右顴骨為計、眉為紫氣、人中屬月孛是也。

面相上的星曜，一般坊間相書，都以五星六曜為主，九曜較少採用，本

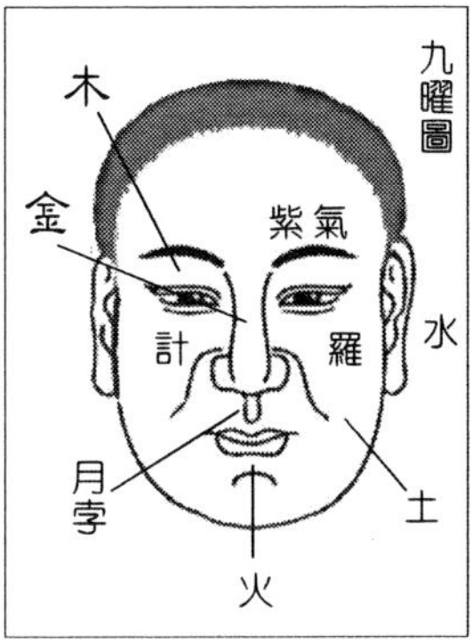

書以九曜定名，都是一些部位分類，無非是想人容易記憶，當中與五官亦有重覆，可能都是古時流傳下來尚未統一的一些雜記，我們應該先分輕重再去記，才不會愈搞愈亂。

三主或自下而上為言者，或自上而下為言者，皆不足取，以形之屬分可以無疑。夫水生於天一，金則生於四地，金、水形神者，當自天庭至印堂為初主，印堂至準頭為中主，準頭至地閣為末主。土者，與中央之正色，發於中宮。如土形人，自準頭至印堂為初主，印堂至天庭為中主，準頭至地閣為末主。更有兼形則取其多為主，又焉能逃此哉？

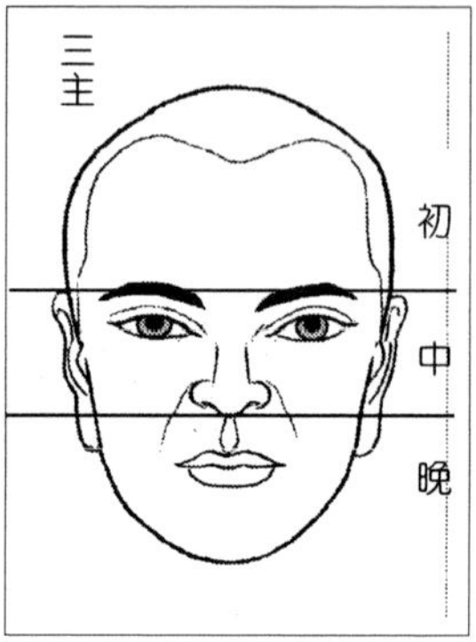

面相主要分成三停，這是最基本對面相的認識，上停在額，中停在顴鼻，下停就在口和地閣，若論流年歲數，便由上而下，上停少年、中停中年、下停晚年，看法順序是合理的，但這裡表示還須觀三停、察五行。文中的「三主」，本書引用了一個很概括的字眼，其不用三停用三主，意思是人生的三個重要階段，初年、中年和末年，是要以何處為主，但這裡不是以三停為主，而是有創新見解，以五行所生為主，如此不容易取，現在試按其指定的金木水火土，以相生為先地說明。

其以：金和水形神之人，以上停為初年，中停為中年，下停為晚年。土形神之人，以中停為初年，上停為中年，下停為晚年。至於形相中又兼其它形者，以其佔大多數者為優先。這個理論雖然頗有創新，但解釋得並不清晰，故只能作為參考。

> 或曰，面有十二宮，印堂為命宮，天倉、地庫為財帛宮，龍虎額角頭為兄弟宮，日月角為父母宮，三陰三陽為男女宮，懸壁為奴僕宮，魚尾為妻妾宮，神光、年壽為疾厄宮，山林、邊地為遷移宮，正面為官祿宮，精神、地角、福堂為福德宮。相貌則總而言也，取形之理分三主、九曜、十二宮之法，無以易此。

命相除了三停至為重要之外，便要數到「十二宮」，大家可以看圖而知悉各個位置，但須注意太清神鑑的宮位與別不同，且與坊間相書差別甚大。

這十二宮能清楚掌握到人命生涯中，妻財子祿壽等重要訊息，所以學相的人必用十二宮來作觀相基礎。讀者注意最後之一個宮相貌宮，是以其餘整體各個宮位共參。我們觀相就是以三停十二宮為依歸，九曜略見重覆，作為補助為宜。

希夷子曰：人生天地之間，不止於百千萬億，數其立身以殊，豈可遍言之也？能廣此意以觀人，知窮易象，乃可得也，何得一爲喻？

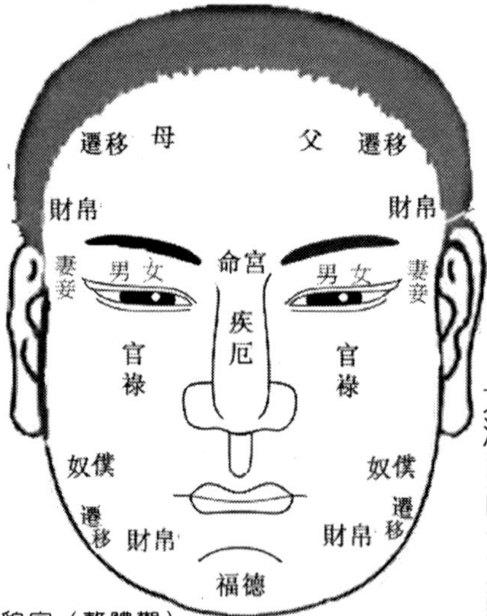

太清神鑑十二宮

相貌宮（整體觀）

地球上數以億計的人類，各有其不同的人生際遇，怎能夠以片言隻字盡說？能真正知天命，觀人於微的高人世間又有幾人？上通天文下知地理，又精於易經取象者更加難求。幽深微妙，天機變移，實與人互相感應。

洩天之機以惑人，天必罰之。然而皇天無私，惟德是輔，惟善人是為。由是而觀，則禍福無不自己求之者。

論相的人是否懼怕會洩漏天機，這是一個常被人問到的問題，但筆者覺得，如果心中正直無私，將天道正理如實告知被相者，抱著提點對方走一條明確的人生道路，這並沒有違反天理，甚至會善有善報，相反心存歪念，一心只為斂財，埋沒良知，如此又豈有好報？所謂禍福無門，由人自取，論相

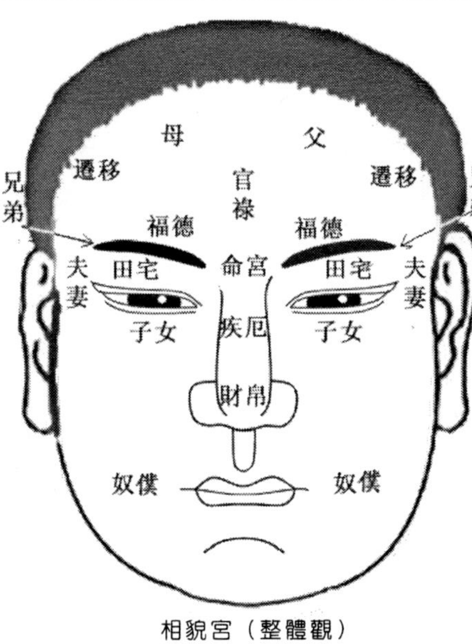

坊間十二宮

相貌宮（整體觀）

者不可不知。

人有常言，雖有窮困而通，否極泰來。居困之時，不能致命遂志，焉可求通？居否之時，不能修德避難，焉可求泰？此《易》(已上與《玉管照神》論五種相法同)所謂貴乎藏器於身、待時而動之君子也。低視而心暗藏，氣愚而色不和，小人也。

基本上中國的古老學術包括天文學、醫學和命學，都是由易經而來，能夠道盡世間的萬事萬物，人命之窮通得失，天道循環，否極泰來，當中便包含否卦與泰卦的作用，故居於困境的人，可作困卦推，居否卦時，凡事都不能順利，又如何能用泰卦視之，但若人能夠待時而動，隱藏實力，保存意志，則又可從相學觀之，能助君子於世間成就功業，相反暗藏機心者，其氣亦不和，故對於小人須加以警惕。

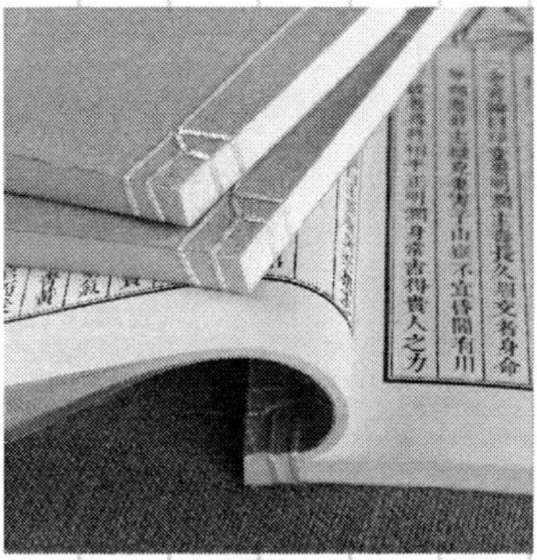

太清神鑑

卷二

雜說上篇

大貴之相有三：曰聲，曰神，曰氣。蓋聲清則神清，神清則氣清。驗此三者，其形骨次之。是以古者方技之妙，有聞人之聲韻而知其必貴者，得之於神也；有察人之喜怒操守而知其必貴者，得之於氣也。

大貴相者有三個情況，聲、神、氣，聲清神自清，神清氣自清，觀相以此三者為至難，因為都是一種內相，有諸於內才形於外，其次就是骨格了，骨格在人相學上亦十分重要，同樣難觀看，何解？因為同樣也是藏於內，但起碼也會露出皮肉之外，如此便較前者易掌握。

以前的相人者可憑聲韻而得知來人貴氣之深淺，其實主要是從氣息中探知其神。亦有察人之喜怒哀樂，以探知人的貴賤，因為七情六慾的產生與流

露，正正就是由氣所帶動。

故聲欲響潤而長，神欲精粹而藏，氣欲舒緩而靜，反之者，不貴也。若夫有聲而有神氣不應，則其貴必遲；有神而氣怯聲破，則其貴不遠；有氣而神聲慢，未可言貴也。此三者，幽而難明，元而難測，惟意所解，口莫能宣也。

「故聲欲響潤而長，神欲精粹而藏，氣欲舒緩而靜」，此三句實在是相學的精髓所在，對聲、神、氣三者解釋得淋漓盡致。再要探討的是聲、神都足夠，但氣不足的情況，亦能配合，所以相學非常之重視人的聲音，若然聲如破鑼，氣怯失聲，即使有運亦只一時而已。氣夠神與聲音不足者，亦是難以取貴。當然這三者的互相配合，是幽深難明的，一般人都只能意會，未能言傳。

雜說中篇

形成而不可變，體具而不可移。大凡形體，惟在完滿、隆厚、清潤、崇重、平正、華秀、不貴則富也。若怪而粗、古而露、清而寒、秀而薄者，皆非美相也。

人具有身軀形體，而較完滿的形體應該是隆而厚的，即各個部位都隆起不凹陷、不削薄、厚而有肉，還要清而潤，無論眼神和聲音、氣息毛髮等，都不粗硬，以清潤為佳，崇而重即尊貴和高貴，有崇高的氣節和重義情懷，面相和身體都要平衡，五官端正、不偏不斜，有如花帶秀的氣質，乎合以上的條件便是為富貴的上相。相反，怪而粗、古而露、清而寒、秀而薄，都是欠佳的形相，但意會容易理解難。

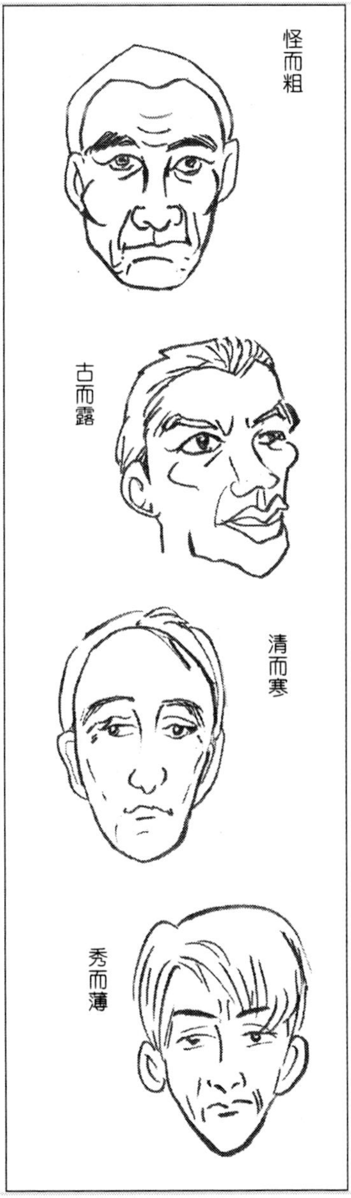

古人論部位之法，以額、準頭、地角、左右顴為五嶽，以眼、口、鼻、耳為四瀆，以上下分九州十二辰。由此觀之，則一形之微，其所該也大，又烏可深淺而論哉？

古人論到部位先以五嶽及四瀆為重，看前圖得知額、準、頦和兩顴為五

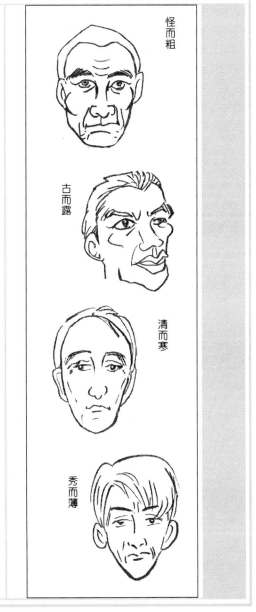

嶽，以之視為臉上的山，都是反映隆起的部位，至於四瀆則為眼口鼻耳，代表面上低窪有水的部份，種種名稱，無非都是為了令人易記，好作分類而已。

再接著的就是九州與十二辰，九州是在整個面上的外圍，十二辰即是用十二地支以記錄，就如一個時鐘那樣，由額上天中定「子位」，如子時12點正，隨往右順時針方向去數1、2、3‧‧‧‧順數至11點後又回到最初的12點，即面上外圍，順數回原點天中「子位」為止，代表一個循環。

故上自天子，下至庶人，其五臟、六腑、百骸、九竅之形皆同，然其所以為形，則異也。若辨析之，須於三停五行中，先觀其妙，次求其部位、氣色，左顧右盼，尋根揣本，則貴賤貧富，吉凶壽夭，灼然可見矣。

世上所有人，不分富貴貧賤都一樣，身體上的五臟六腑和五官等，身體上各個孔穴都是一樣，不會多，亦不能少，其所異者，就是形相神色，故有須要於上述之三停五行等觀察。看面相各部位先觀其妙，但這個妙何所指？就是集中於三停的整體，五行整體綜合來看，然後才看其它細部，其次才輪到氣色。

十二辰

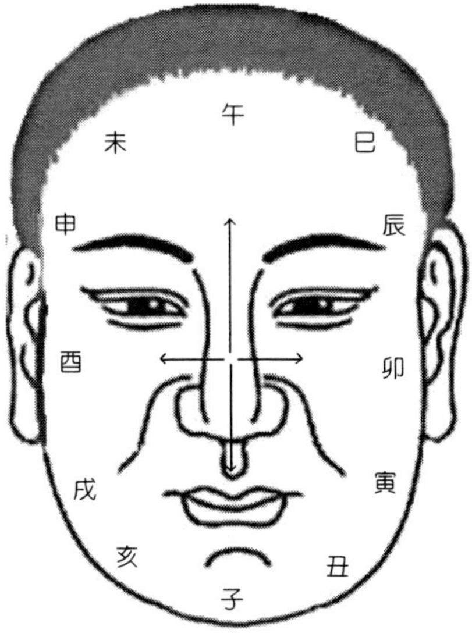

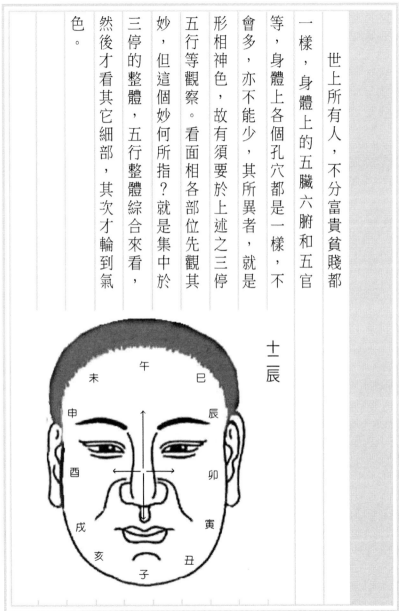

雜說下篇

形體身骨，相之根本也。氣色，相之枝葉也。根本固則枝葉繁，根本枯則枝葉謝。論相所以先究形體身骨，而後氣色也。夫氣舒則色暢，氣恬則色靜，氣通則光潤，華明見於色，比皆氣色之善也。氣偏則色焦，氣滯則色枯，氣蔽則憔悴暗黑於色，此皆氣色之凶也。夫形如枯木，心如死灰，淡然不與世懼，此又至人之相，不可以氣而論也。已上三篇，與《玉管照神？雜說》同。

人相的最根本，是外形體態和骨肉，這就等同樹的根，氣色則如枝葉，作為看相的輔助，這就如望診的中醫師看舌一樣，如果形體身骨這部份不理想，尤如根枯葉謝。

人的氣息舒暢，行動不徐不急，面上氣色也會顯得黃明暢順、氣恬靜、面色便會不急、色均匀而安靜、氣通自然、潤澤有光，且光不浮、色鮮而潤澤。

相反氣偏者氣色焦而枯燥，偏則臉色焦，氣滯是暗滯，其色也枯，蔽者閉也，氣蔽是指人的呼吸經常出現困難，則其人每多憔悴，其色亦暗黑，多見於老人和久病的人，以上的都是凶色。一個人不論是何原因，變得形如枯木、心如死灰，這已是離死不遠。

若有人能夠淡然不與世爭，遠離塵世，故而無所懼，這種人是無法從他的氣色中觀察吉凶。

金書寶印上篇

形以清奇古怪者，須得神與氣合。若神氣不爽，則孤露（古）、塵俗（怪）、寒薄、輕沉、非貴相也。得清如寒冰，奇如美玉，古如蒼岩之老松，怪如泰山之磐石，雜之千萬人中，見而異之者，乃清奇古怪之貴相。凡有此相，必須操修過人，功業隆重，聲聞天下也。

清奇古怪這四種形相，在古相書中，都常放在起首，列作圖例，但解釋卻不多，這裡以此四形作評述，其先以神氣足方合配得此四種形。如若神氣不足、不爽，便成孤露相，這可謂深極難測，皆因這清奇古怪四形相，都是很獨特的形相，就如「古」，面上骨格孤露是為古，臉上如矇塵土，俗氣為怪，若清見寒薄，臉上輕浮者，都非貴相。

若真有人生有清奇古怪等四奇相，每能夠建功立業，聲名遠播，但得先有神氣相合，否則只會適得其反。欲更深入了解清奇古怪四相，可看古命書照膽經，或本人註釋的「神相照膽經」，會有較深入的探討。

形有五寬、五短、五慢、五露、五急、五藏。可謂五寬？曰氣色，曰行坐，曰飲食，曰喜怒，全此五者必遠大。

這裡所指六種形相，分別是：五寬、五短、五慢、五露、五急、五藏等，那要從何觀察？且從第一種「五寬」講起，先看五種日常的氣息和行為，來作判定，即：氣、色、行、坐、飲、食、喜、怒。

寬者，寬容不急是也，首先是氣色要緩和，其次就是行住坐臥，亦須不急，安定而穩妥，至於飲食亦須要緩而不急，最後是喜與怒都須要寬，人在快樂時每現急態，發怒時便更不用說了，但其人在喜怒時都是寬容不逼的，若有人以上五樣俱全者，必有遠大志向和發展。

何謂五短？曰頭，曰手，曰足，曰身，全此五者，中流之相也。

在「神相全編」一書中，提到「相有五短」以：一頭短、二面短、三身短、四手短、五足短。並有註文說：「五短之形，融和而奇巧者，至老而富泰豐亨。

在本書裡，只提到四短，即文中的：頭短、手短、足短和身短。

五短之相，在歷史中，都有提及，例如古人晏嬰，這是位身材短小的成功人物，但有亦有不少失敗人物，也是五短身材，因此，還須從五官六府等面相作配合，才能判定。

何謂五慢？曰神，曰性，曰情，曰氣，曰行，全此五者，壽而終於遲也。

再進一步看看「五慢」之相，說到慢，與前面的寬，實在很接近，在判斷上容易混淆，說其人寬容和緩慢，可以是很細微的區分，應該這樣說，寬容是一種態度，緩慢是一種行為，如果人有此五慢者，皆主長壽安康。

現代人的生活節奏實在太急，跟本不能讓你慢下來，很難得會有人能不受到環境影響，但我見過不少的中醫師，他們都懂得養生，生活簡樸，他們都比一般人有慢的感覺，另外又可見一些氣功師和唱曲家，他們都是較著重身心健康，懂得養氣，更不會輕易動氣，這十分之明智。事實上，世上不少百多歲的人瑞，都是在平日生活上保持著一個慢字。

何謂五露？曰眉、耳、鼻、齒、眼，全此五者，

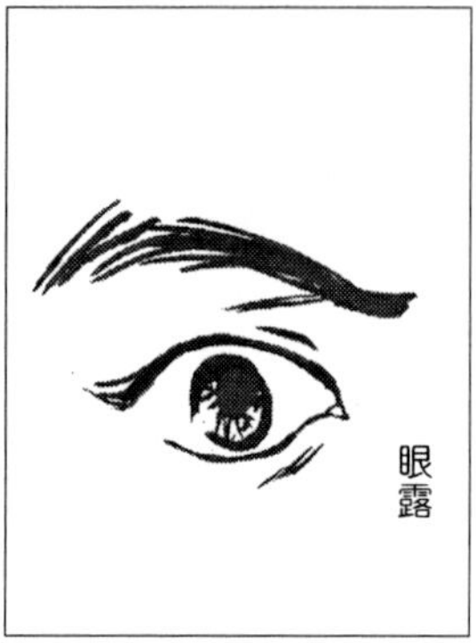

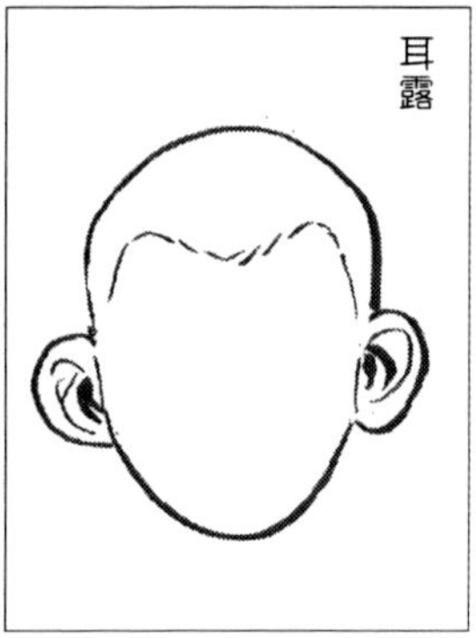

清烈孤貴，異顯之相也。神露，路死夭折。

五露之相，不同的相書有不同的露，本書亦有其五露的說法如下：眉露、耳露、鼻露、齒露和眼露。眉本身是露的，故不會有眉藏這回事，相信是指眉毛粗或眉骨露，十分之顯眼，其餘耳鼻齒亦如是。

書中指相全得此五露者，有非凡成就，際遇會與別不同，能獲得清烈孤貴，何謂清烈孤貴？應該是形容人性格與別不同，其工作也與大多數人有異，多數是較偏門的行業，也可能是個另類的藝術家或表演者。但問題是，這種五露齊集於面的人，

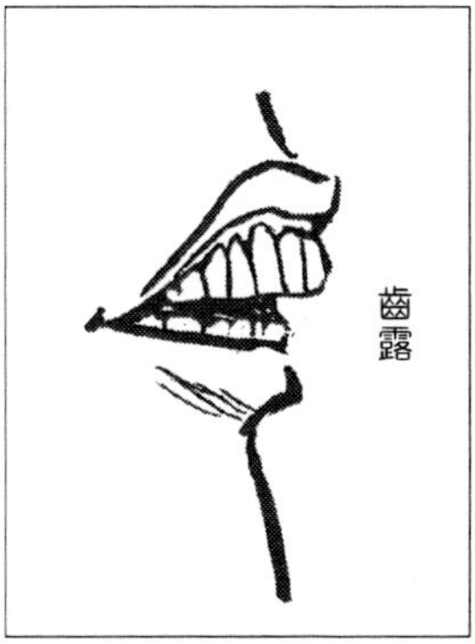

他們的性格行為必定很古怪，所以看相時必須要很小心，如五露顯現出凶相時，就怎樣也算不上是佳相，反而會因犯法或行為出偏差，招致失敗，若再眼失神，更會犯險而早喪。

何為五急？神、氣、性、皮、骨，早發而易喪也。

人相最忌是急，五急皆全一定是不好相，無論是個怎樣大本事的人，也不論是多富貴，只要犯此五急，便會早發早喪。事實上每見一些做甚麼事都急的人，其雖然是較別人快取得一點有成就，但亦會因一時失誤而失敗居多。這些人目光銳利、其神急閃、皮肉綳緊，說話急速、行動疾如風，如此種種都是五急之相。其實面相多露，性格亦會很急，尤其是眼神露、露必急，這似乎有共通之處，讀者留意。

何謂五藏？視藏神，言藏聲，見藏色，思藏息，聽藏氣，全此五者，清貴遠大之相也。

看相最不容易是這個藏字，因為藏了即是不容易看到，比如眼神，神藏的人就很難看得透，有時還以為是眼神不夠，其實他的神是藏在眼睛之內，不用時收藏，用時才放出來，須要有豐富經驗的相者才得以察知。至於聲藏即聲音表面上不太大，還以為他不夠氣，其實其氣發自腹部丹田，一出來便有若雄鐘，這就如眼神一樣，平時少用力氣，一到用時便明亮起來。其餘幾種：見藏色、思藏息、聽藏氣、雖不易解釋，但都可以用上述的論點去理解。

前此六說中，有可採宜更致思，定有所得。五惡殺：兩眉短尖，眼常如淚，此為卒暴殺；鼻折準頭，曲斜羊視，此名自吊殺；目睛黃動，口不合唇，此為扛屍殺；肉橫四起，暴露不撿，此名兇暴殺；眼中赤筋，眊反强視，此名鬥亡殺。苟有一焉，皆不能善終。常以此言為當也。

以上所說的六種形相，大家可以參考，但用時便要小心，多加思考，多方綜合，集思廣益，這才不至有所失誤。

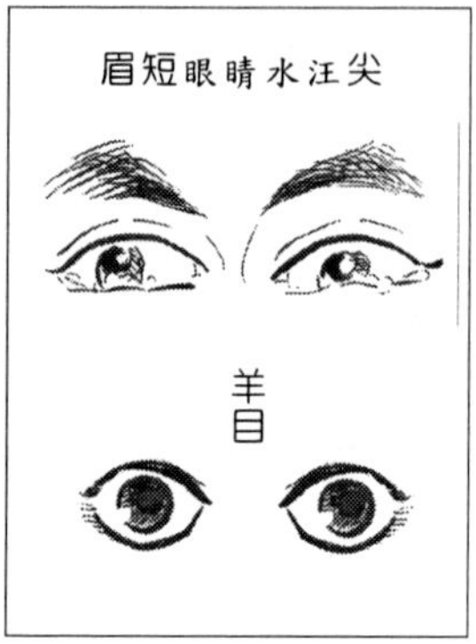

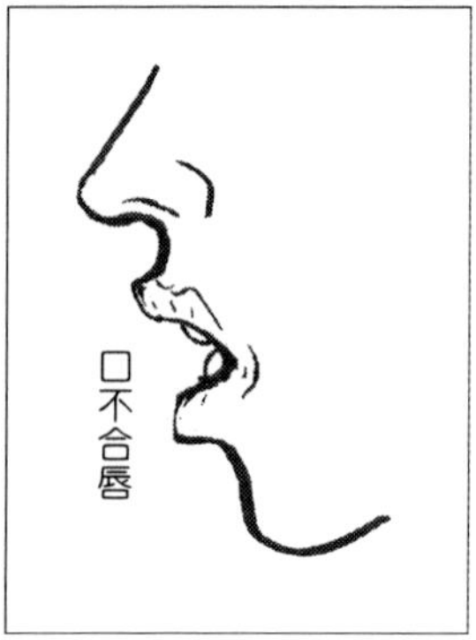

第一種，兩眉短尖和眼睛水汪汪的人，是為卒暴殺，即不得善終之帶殺形相。

第二種，是自吊殺，其意可能指命會自盡者有天生斜視，又帶羊目，即睛大圓呆且露白，故其壽夭。

第三種，睛黃閃動、口不合唇，是為扛屍殺，即眼球帶黃，而且是移動不定的，口張開不見閉合，其相可想而知是帶凶。

第四種，肉橫四起、暴露不撿，是為兇暴殺，這種屬於面肉橫生的人，一看已給人凶狠之感。

第五種，眼中赤筋，眊反強視，此鬥亡殺，這種相因為眼白內有紅絲筋，眼眊毛又很粗硬，目光

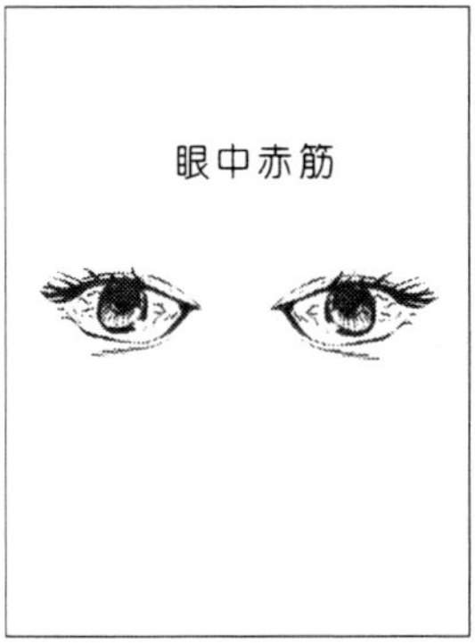

強硬，一看便知其人生性粗暴好鬥了。

以下的「五惡殺」惡形惡相之極，愈多犯者便愈是凶險，犯一樣已不得了，犯兩樣就更易招凶災。

金書寶印下篇

山川麗秀而氣不同，此人之生，其形性所有，有厚薄、輕重、清濁之異也。故閩山清聳，人俗於骨；南水平而土薄，人俗於情；北土厚重，人俗於鼻；淮水汜濁，人俗於重。若宋人俗於口，蜀人俗於眼，魯人俗於軒昂，江東江西人俗於色。如此類者，皆風土致意故也，論相而及此者，幾於神乎？

古時的相學家常以自然界的山川來作比喻，至於人的形相，亦有其厚薄輕重清濁之分，重點在於某個地域的人民，有當地人的特色，就如亞洲人和西方人，兩個不同的民族，在面形、毛髮、膚色和體格上有都著不少分別一樣，我們這樣去理解便可以。

唐舉論相，不好言行，而好論色，不好言聲，而好言氣，餘以為深意也。蓋形聲一定而不變，所以易；色氣屢變而不一，所以難。若唐公者，是故欲精其難能也。嘗得其所著《論氣色》之文。夫人之氣色，皆發於心，縈於肺，觸於肝，散於脾。

春秋戰國時期有一位術數師，相人之術十分了得，登門求相面的人天天不絕，他就是燕國人唐舉。文中說唐舉其人論相，是先觀人氣色，次看人的外形和聲音言語，這是一種捨易取難的做法，因為多數都以觀外形為先，最後才到氣色。文中指形貌聲音屬於固定不變，但色氣則屢變而不一，這個亦可以有商榷，皆因人有不同階段，會造成人的形體聲音改變，只要知悉變化的前因後果，便能夠預知命運走勢。

氣色是難以捉摸的，它隨著氣候和環境改變，時時刻刻都在變化，也會受七情六慾、喜怒哀樂的支配，古時每有觀氣色的能人，於一年四季中觀察五行四時之氣色而知命運。至於那一樣較為重要，實無一個答案，應以個人的修為和所長，再配合當下環境現狀如實觀察。

故氣色光而神靜血通，飲食流暢，喜之也；氣色昏則心亂血滯，飲食脹逆，憂之也。喜憂之侯外見，則浮如薄雲之濛日；內見，則隱如圭璧之有瑕。或盈而慘舒，或發露藏息，長者如絲，細者如毛，圓如粟，長如麥，斜如倚竿，皆氣色之現也。極致目力，澈旦而視之，憂喜足征。

文中以氣色光和氣色昏作為觀氣色方法。氣色光明神靜，血氣自然暢通，此乃健康之徵，若氣色昏暗、血氣不流通，便會心律不正常，老年或長年病患者，尤其有心血管毛病的人，便會明顯有這種情況。

至於色光不會是面上浮光，是一種公認為的黃明之色，用明亮來比喻會更為準確，年輕人、健康和運氣好的人，一般都會面帶黃明之氣。

面部一百二十位

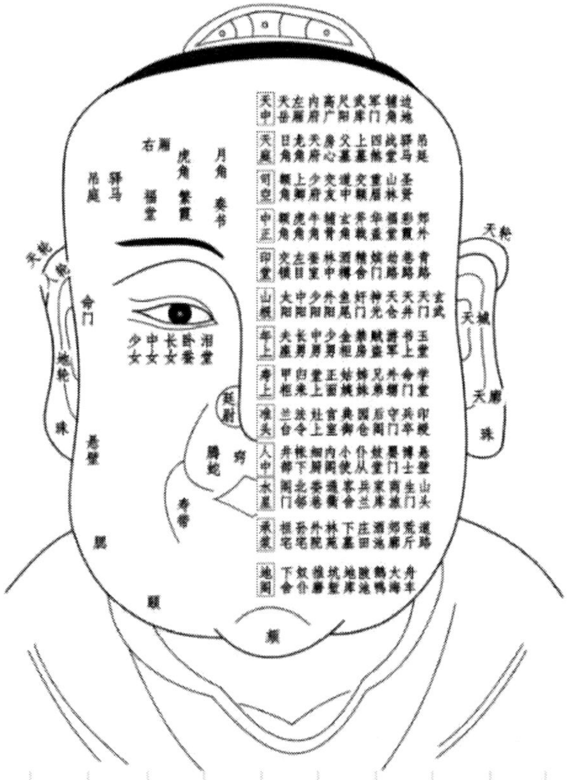

人生也雖有善惡之形，而貴賤未可分；雖有吉凶之色，而禍福莫可詳。是以聖人以一面之形分百二十之部，上應三才，下配五嶽，俯仰天地之位，辨別內外之方。見其形，則知其貴賤，察其色，則驗其吉凶也。其為至賾至深，莫可得而隱也。

古時人把人面部很微細地區分出一百二十個部份，並附加了名目，這無非欲以形判人貴賤，及看氣色定吉凶，當中卻有深不可探之處。

且天中者最中之位，以像人主，所以威制萬吉，故刑獄在旁，兵衛在後，公卿前列，府庫左右。精舍為神靈之府，故動於眉睫之上。學堂為聰明之館，故近於耳門之前。目者受色福，故妻兒俱列於目下。財者為人之貪，故盜賊依於金匱。

文中以各個細小區分起來，作整體分析，當中有很多與之前學過的部位重覆，其以一百二十個橫列部位作為古時的像徵屬性，這裡無非是要說明其用法，故而人生中的各種事項，包括權威、智慧和錢財等事，都可以從中了解。

山林近於仙路，弓弩落於邊方。承漿近口，曰角居天。且上停者又為天，曰主祿；中停者又為人，曰主壽；下停者又為地，曰主富。三部亦為三主：上停初主，中停中主，下停中年末主。故上停豐滿，初年福祿；中停隆厚，中年成立；下停缺陷者，晚年破散。大體吉凶貴賤，無所不攝，今略舉此數端，可皆以此求之。

這個其實又與人相學的三停道理相若，大家理解不難。

中央直下一十三位

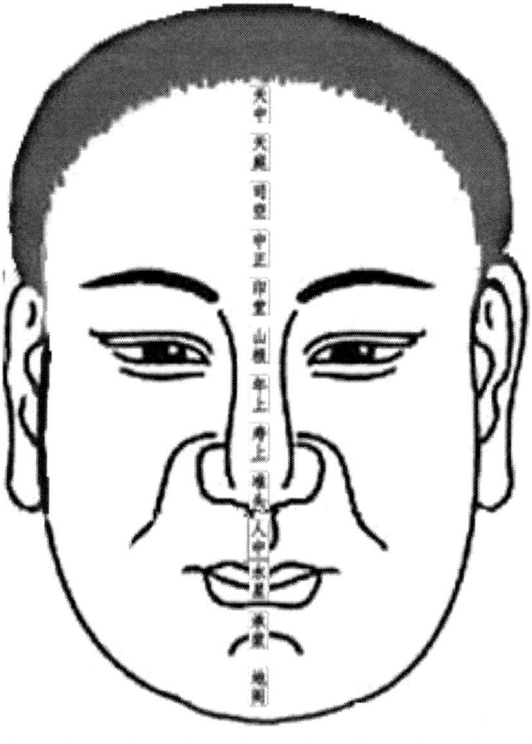
天中
天庭
司空
中正
印堂
山根
年上
壽上
準頭
人中
水星
承漿
地閣

天中，主過事，又主官祿。高起直者，初年淂官；平滿者，宜遠行有官祿，缺陷者，主刑獄死。

天庭，主三公貴品之部。若有骨起者，當爲卿監。骨起而兩邊元角應之，必任宰輔。有黑痣缺陷，主刑死。一名天牢，主貴人之牢，亦名鴻臚寺，亦名四方館。骨陷色惡，不宜此處任官。司空，主天官三公之部。骨起光澤者，當任三公九卿，色惡不吉。中正，主群僚之事。詳品人物之思，亦主官位高下進退。骨起色潤澤，主官不歇滅。

中央直下有十三個部位，基本上面相術從古時流傳下來有四套「流年法」，最為古老的便是這一套「十三部位總要法」，亦即文中所指的中央直下法，也有一套流傳最廣的「流年百歲圖」，大多數相書都採用這流年法，而少用中央直下法，可能因歷來此法少有解釋，而此法也因名目眾多，不易實際運用，其把面上的眾多部位都用橫直交加、中軸延伸的方式排列出來。

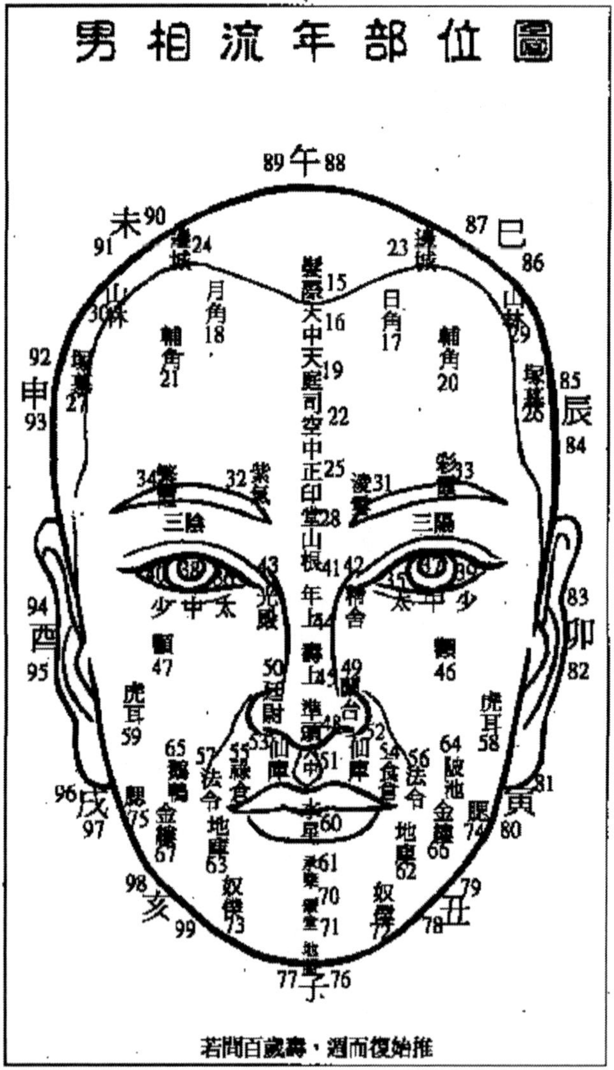

來源：神相金較剪：男子流年百歲圖

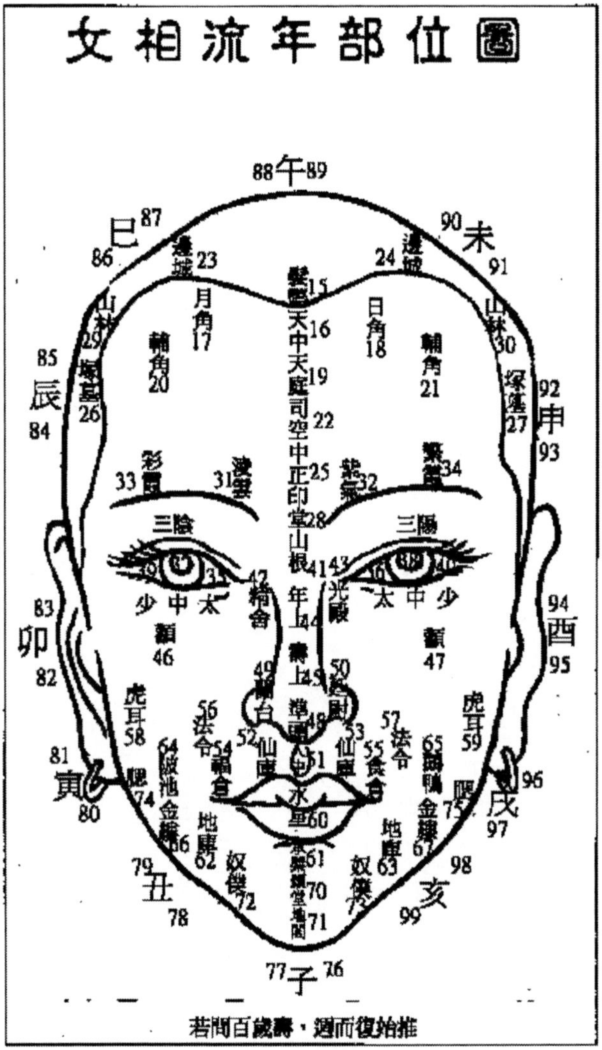

來源：神相金較剪：女子流年百歲圖

五星六曜

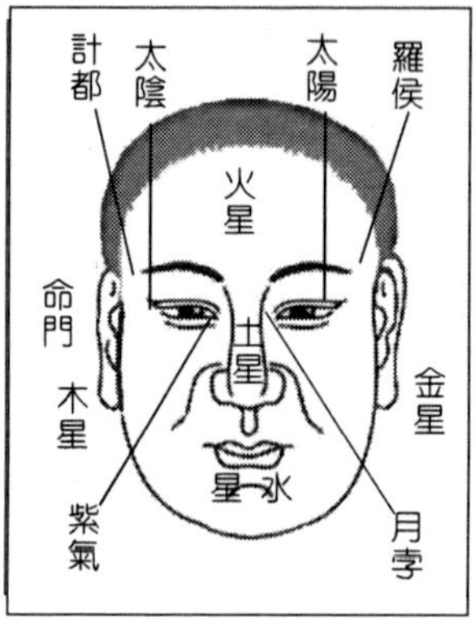

三元星度配天元，人元圖

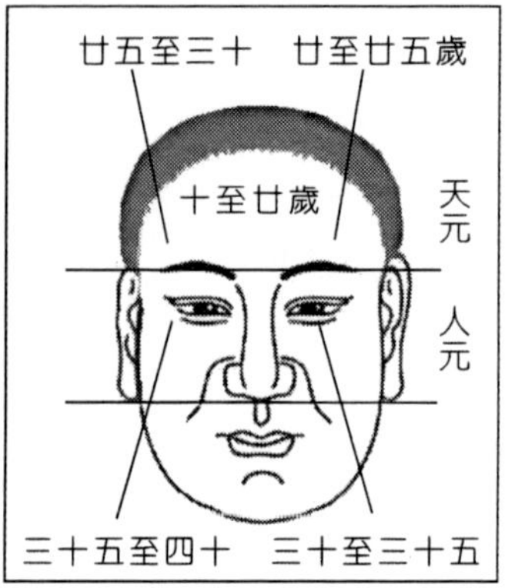

至於另外兩種，就是近代面相秘級裡的「九陽混流法」，較古的有經典著作照膽經裡的「三元星度法」，以天元、地元和人元，配十一曜之部位起限法（本人寫的「神相照膽經」內，對三元星度用法有詳細的註解）。

天中、天庭、司空、中正等這四個部位，就在額頭中央髮尖由上而下，這四個部位構成了正前額，我們不能夠單獨地看，這四處無論那一處凸起，都會不自然，只有整體圓起才會自然，只要你細心看到圓起的額頭，是那處最骨起圓渾，因中位的官祿宮即天庭和司空，這裡同時圓起，是個身居要位的重要人物。

天中和中正便最宜平滿，以輔助天庭和司空的圓起，但一般人都是額頭略為方平，此時又須中正有骨略起，為武貴之人，較有權勢，並以武職發運，額平之人運平平，最忌是額頭凹陷，任何一處凹都不好，尤其是中正凹陷，其人便與功名無緣，是考試落第之相。

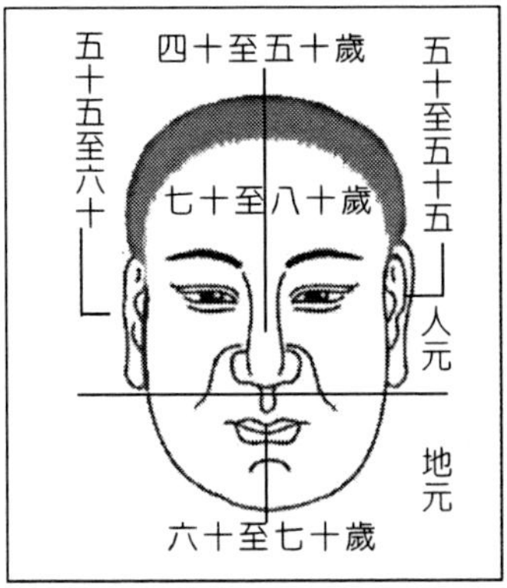

三元星度配地元圖

印堂，主天印兩士。亦名揚闕庭，掌符璽之官。方寸起而瑩者，二千石守。方寸平而靜者，三品任官，不離闕庭。方寸陷者，亦主富貴。眉連接不廣，一生無祿。當旁有黑痣瘢痕，事或不吉也。

印堂在眉心之位，最宜平滿，文中有一句「天印兩士」，有些書解不通便用了「天印兩事」，其實都很難理解，筆者不想勉強作解，只好以字誤來看待。但在宗教典籍裡可以搜尋到「天印」是三十三天印其中的一種佛的手印，以結印配合誦咒，而「兩士」即一佛二菩薩，其中便有觀音大士。

中醫有望診之法，其源出自黃帝內經，闕庭便在印堂之上，清代亦有望診遵經，都是以印堂為闕庭看。印堂以平滿，氣色明淨，並有光澤為佳。

印堂一怕窄、二怕陷，兩者俱不能犯，印堂窄通常因眉頭鎖印導致，主凡事太執著，難成大事，若改善性格後相由心生，令印堂開了，一切自能心安理得，所謂知足常樂。

眉心窄還可以改運，但凹陷了的眉心便很少會變平旦，故雖然說其仍可富貴，但事實會終生愁困，令命運大打折扣。眉心還忌紋痕墨痣之侵，犯者亦難言吉相。

山根，主有勢。斷絕主多厄、無兄弟。狹薄而低者，並無勢力。眉鼻上亦名玉衡。又庭中平滿，或有奇骨伏起者，招國祖之喜。但衡上依依山侵，則名聞朝野。若陷窪而目得見者，則情淺識露，謀事難成。

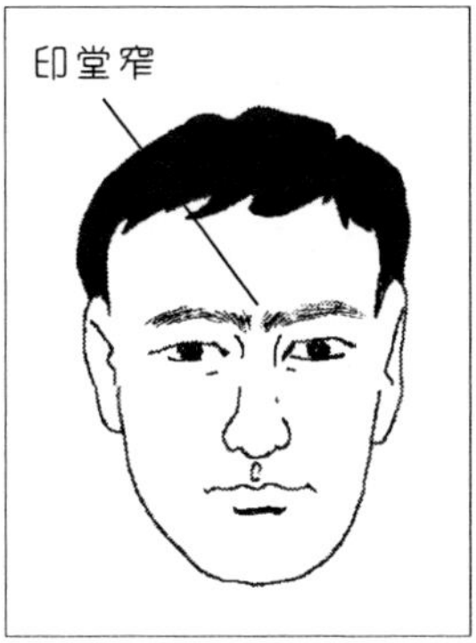

眉心對下，便是鼻上山根，山根要挺直有氣勢，最怕是斷折，其氣亦會中斷，影響氣運，山根折斷者六親無緣，又忌鼻上山根低窄和肉薄，主身份低微、欠缺時運。最後又提到鼻子直上、山根連氣不低下，主名聞中外。

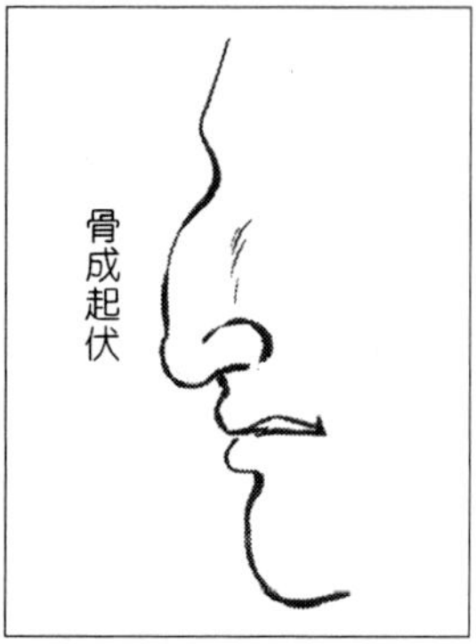

年上，主己身之疾病。骨肉起，一生無疾患。陷缺者，主惡死。有黑痣者，主貧苦。壽上，主命之長短、事之吉凶。陷缺者無壽。又名怪部。青色赤黑交錯，怪兆也，應林木為怪，應欄櫪牛馬為怪，應井灶釜鳴井沸為怪。

山根對下的鼻骨就是年上，這裡須要骨起有肉，方為上相，此又為十二宮的疾厄宮，故而生得好會一生無疾患，相反年上低陷的人，壽數不高和無運，鼻又為十二宮的財帛宮，主要看財運得失，不宜有黑痣，是中年貧困之相。年上與壽上這兩個部位，通常是沒有分開，一起同參的，若這裡有奇

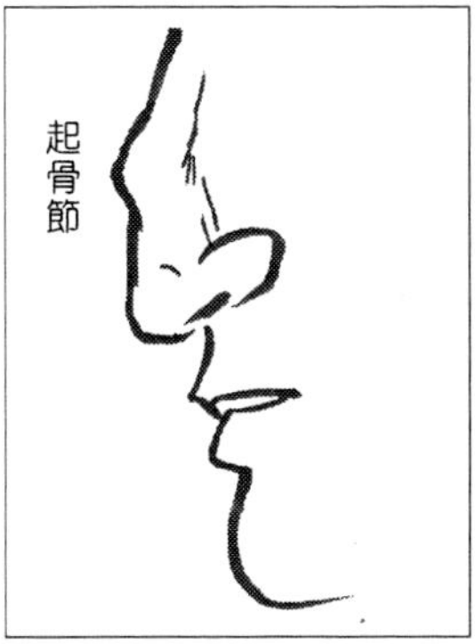

骨成起伏之勢者，能當重任、擔大旗，但這裡要小心，但千萬不要誤認作是鼻上起骨節，如形容這種起伏奇骨者，大可以用名人作舉例，著名歌星楊千嬅，她的鼻子與別不同，正正就是這種鼻了。

壽上故名思義是看壽數之部位，但也是看憂驚之處，因而又名怪部，忽見青、赤和黑三色交錯出現者，會發生怪事或驚恐之事，其色應在山林、額上、兩鬢、鼻翼等部位。

準頭，主富貴貧賤，百事吉凶。端正圓平直充滿者，富貴有官。準頭齊者心性慈，準頭分妨克兒，左為蘭台，右為廷尉。成就平好者，聰明見識。

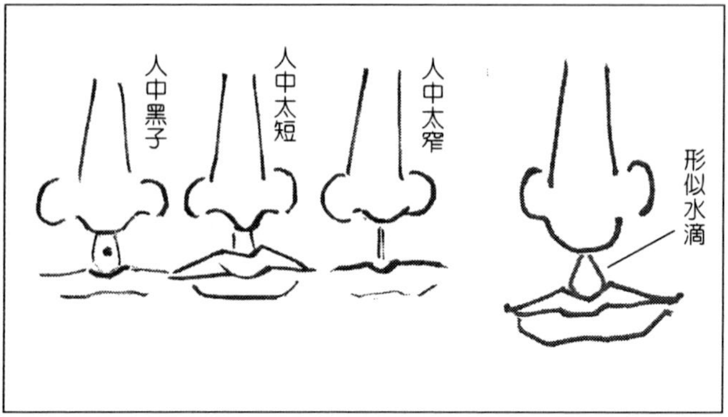

鼻頭又為準頭，主要看財帛，說到百事吉凶出於此又有點太過，準頭要端正不斜，豐圓有肉主有財，但須要兩邊鼻翼的協助，豐起有勢者，富貴同收。

人中，主人心性，亦主子孫，深直端廣者，忠信有子孫。中蹇而短者，夭命孤獨貧。有黑痣，女人當自嫁。

人中位於鼻下與口之間，男性主要看子嗣，女性則看生產，最要深、形似水滴、上窄下闊、不能歪斜，主性情忠信、子孫昌盛，男女皆健康，人中

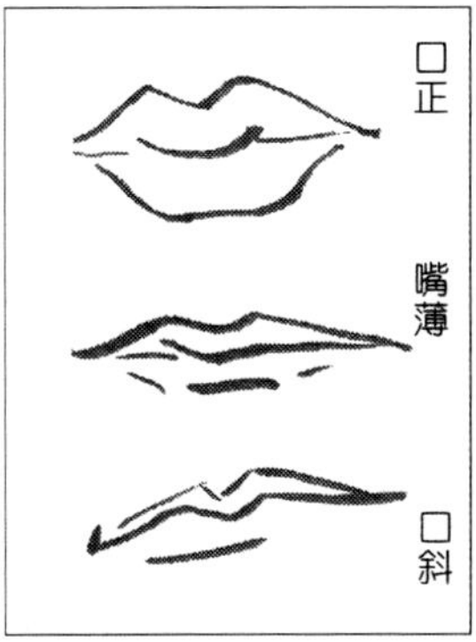

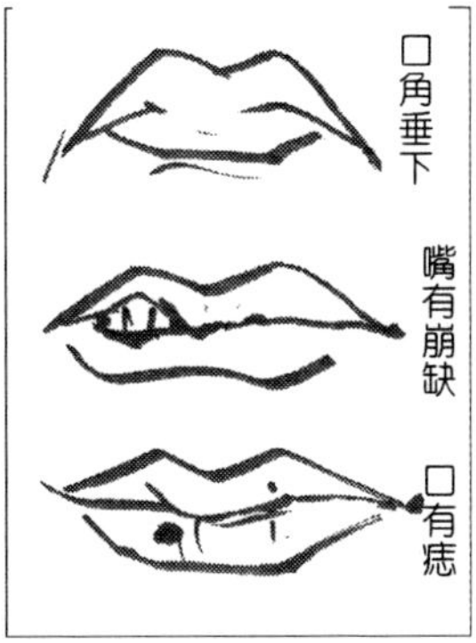

太短者壽亦不長，如針窄者無子欠運，女性有黑痣在人中，會有難產，故在生育上須特別小心。

正口，主信。又充實平正稜成者，有信行，薄弱缺陷者，多詐妄。有黑痣者，主貴吉利。

由額頭上方一直數下去，已經數到了口部，口又名祿堂，主掌人的衣食俸祿，故十分之重要，必須口正而不斜，須厚而不薄，代表其人重感情、有信用、忌嘴薄、口角垂下，主無情負義，嘴有崩缺、口有小痣尚可，痣生得大亦不宜，會影響飲食健康。

承漿，主飲酒。如有黑痣，不宜飲酒，醉而當死。平滿者一次五斗，常朝酒食。一名藥部。主服藥。色暗，服藥不得力。

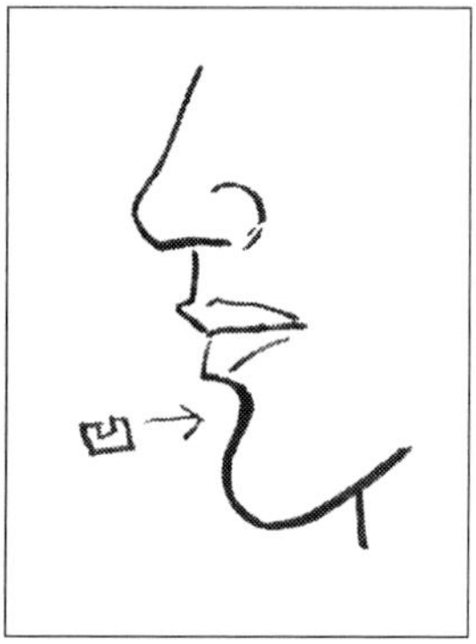

嘴下的位置叫做承漿，一般凹入承托著下唇，因為嘴與下巴之間的凸起，故形成此處微微凹下，這是正常，如果太平且便是嘴和下巴都不起，下停便無力了，如此後運亦平平。

地閣，主地土屋宅。平厚者多田宅而富，狹薄者主貧苦。頦頤，主貧富。圓厚平澤者必富，尖陷者貧窮，長者主克害骨肉。

到了最後要講的部位地閣，此即下巴，掌管土地，亦即不動產、物業等所持有，地閣取其方圓有肉、微朝更佳，主晚年富有之相，這裡又是十二宮之奴僕宮，生得很好有子女及他人服侍，在事業上也反映了與下屬的關係良好。最怕是地閣尖削和凹陷，即與富貴無緣，犯者貧困，晚年孤苦。

由額上的天中而下的各個部位都已說過，這些都是面相上至為重要的部位，因此必先關注，由早年至晚年，由上而下，但這樣仍未夠，從這十三個部位橫向又可引伸出更多的部位來，但這樣就不簡單了，因為會在面相上劃分出更多的細小區域來，可令到面相推算更難進行。

實際上這一大堆的名稱只是約略列出其名而已，真正的位置和較重要的並未有標明位置。

天中橫列八位

天獄，一名理獄，主刑厄。平滿者不犯刑獄，缺陷及色惡者，多遭獄厄。左廂，主丞相。平滿者吉利。骨起者與伏犀相連者，當入宰輔。陷缺坎者，亦多災厄。內府，主金玉財寶，骨起平滿，家累珠玉，身复仁孝。缺陷者**消折，亦獄死。高廣，主方伯之座。豐起者，當任刺史。平，吉利。有黑痣，少喪父母。陽尺，主近佐之官。肉骨豐起，位佐郡之職。缺陷者，主官歇滅。有黑痣者，客死他鄉。武庫，主兵甲之吏。骨肉起者，宜任病之官。若有瘢疵缺陷者，不宜任此職，亦從軍之敗。有黑痣兵死。赤色主鬥傷，黃色不宜受寄屍兵。

在天中橫向的一帶，最好是骨起有肉，當然是要自然的豐起，不是頭上的某塊骨肉凸出來，這樣就一定不好了，這裡所提到的部位都以平實為宜。

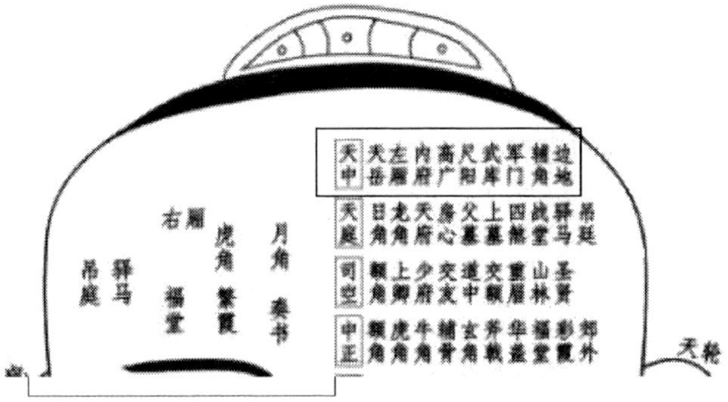

輔角，主郡守之位。骨起而色明者，主任藩府一名弓弩。有黑痣，主兵死。漱黑，主退官，失祿，赤色暴病，或爭競官職。輔骨大即官大，輔骨小即官小，如無骨不可求官。　邊地者，主邊郡之職，亦主遠行吉凶。肉起吉利。邊地骨峻起者，主護御之權。黑色，不能遠行。陷者，為奴僕使。有黑之色惡著，不問男女，皆客亡。

所以全個額頭是一個整體，只有幾個部位的骨是可以略見隆起，其中就有兩邊的輔角，另外有兩邊髮際對開的邊地骨，若骨微見條狀者，亦能發貴，必擔重任。至於太細又不必要的部位還是減省為宜。

天庭橫列八位

日角，主公侯之坐。充滿洪直骨起者，主御前常坐。光澤，行人避道。天府，一名王府，主入朝否藏。是故天府枯燥，有官而無道。房心，主師侍之位。骨起者，為人之師。骨起而黃色光澤者，為國師也。惡者非時主病。

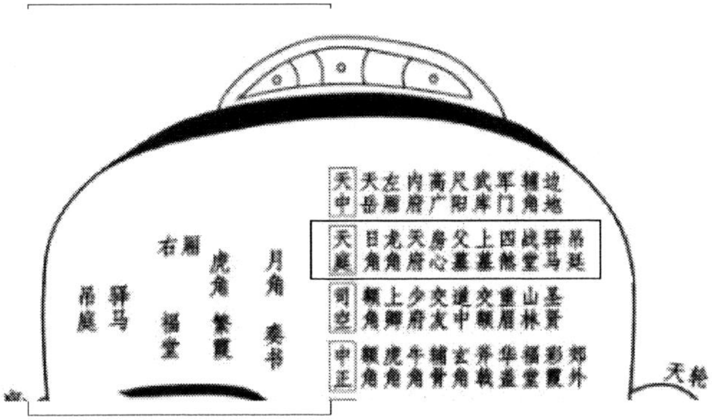

除了前文的兩個重點部位之外，下來又有幾個同樣重要的部位，首先是在兩眼對上的額頭上，是為日月角，這裡先來探討額上兩邊的左日角和右月角。這裡形容成公候之坐，即是要看大貴之相便可從這部位著眼，日月角又看父母和出身的基本部位，這可聯想到其人的背景基礎。

這裡不能不再提一件事，若以圖中細小位置，是產生不了日月角骨的，因此還是跟隨常規為宜，餘此類推，大概相家們都察覺到，這古老方法不是指原本部位，故修定了的面相流年百歲圖，便應運而生，且流通於後世，沿用至今，更成為主流。相比之下，這個古法橫列部位圖，相信都有其神秘的內涵全在，但絕對不是用來作部位的定位，而是用以記名居多，至於它的正確用法，恐怕已經失傳，故往後只作淺釋。

上墓左右，主父母之位。骨起者宜父母。光澤，子孫滿堂，黑痣缺陷，主溺死。枯燥者，父母不能葬。四煞，主手足妨之病，四時煞害之事。黃色憂傷損，黑色被賊。引縮缺骨，起居皆憂煞害。平滿光澤者，一生不被害。戰堂，主征戰事。色斑惡者戰不還，色好平滿戰勝。缺陷兵死，骨起為將。

上墓之位大抵是我們所熟識，在上方的兩邊髮際前的丘陵、塚墓，這兩處主要看父母和出身，又看子孫和家宅，要有骨，絕不宜凹陷，又要光澤無痣痕缺口。如見色暗黑缺陷者，為四時之煞，起居住宅會有驚憂之事。

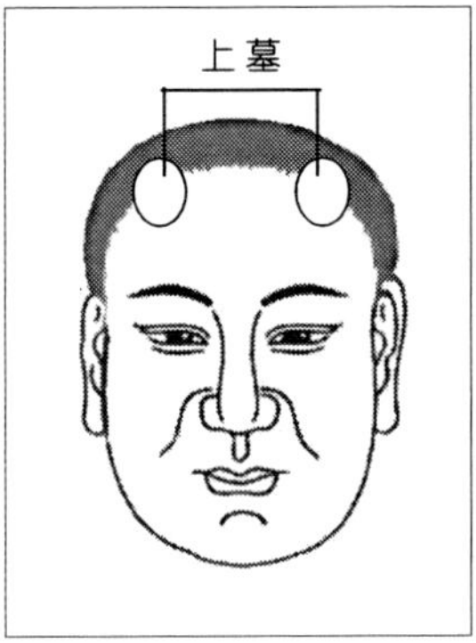

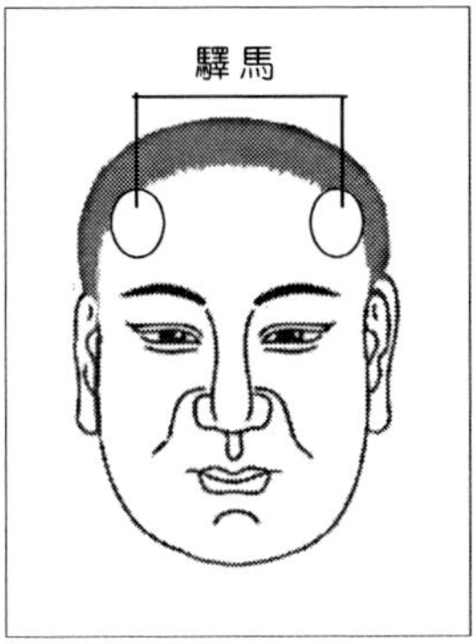

驛馬，主乘騎之事。色澤者如乘馬去，缺陷者無乘馬之祿，色惡者乘馬有死。吊庭，主喪亡之事。吊庭白如梨花，父母死。溦白，即披服。及黑痣，喪服多時矣。

在額頭的兩邊太陽穴對上髮際處，是為驛馬，此處是主看動相，故每觀氣色為先，配合其人之出行、車馬往來之情況，驛馬不陷者能賺外地之財。至於吊庭藏在鬢髮之內，故很少會用在觀相之上。

司空橫列八位

額角，主公卿之位。缺陷一生無官。骨起為公卿。一名額中。色紅黃者大吉。黑色主死，色惡主厄，向人叩頭。赤色發如豆，主刀兵死。上卿，主正卿之位，亦主家鄉，骨肉起而常光澤，為官必親御座。色惡，遠離家鄉。少府，主府寺之位。骨起者任府寺。色惡，有官主失職。右府黃起，貴人徵召，不出季月應之。交友，主朋友之位。骨起及色紅黃者，交友輔強。缺陷者一生寡合。色惡，與朋友爭競。色青，外婦相愛。色赤，外婦求離。色白，妻有分離。道上，主出行之位，亦名衢上。骨起，一生常在道路。平滿，一生不出遊。缺陷及色如馬肝，主客死道傍。交額，主福祿之位。骨起肉起及色好者主有福德，黑痣者吉。色惡及缺陷者，一生不崇福德。

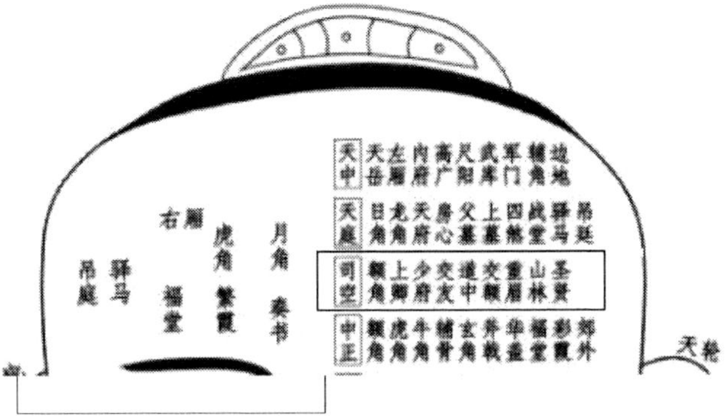

司空在額頭的正中央，其橫向的重要部位是額角，亦即輔角相連，向前隆起的額骨，記著一點，要搞清楚不是有很多額骨各自凸起，而是一個相連的整體，前額一帶都要求骨起有肉、氣色鮮潤黃明，主能早發運、少年得志、更可掌管高職位。

重眉，主勇怯之位。骨肉如重眉，主有勇富貴，缺及色惡，皆主怯弱貧賤。山林，主野積之象。山林廣厚，必多藏蓄，又多勢力。淺薄無勢力，不可委任大事。一名崖色。有黑痣入山林，主被蟲傷，亦名四季、天子，即看兵馬强壯，四方人物美惡。色黑，四方有賊。黃色，四方安靜。凡人色黑，不宜

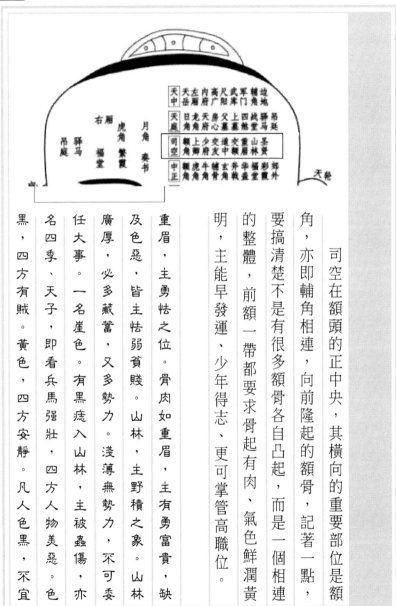

遠行。

這裡說的重眉，古書有提到是指眉濃重，有如兩眉之重疊，眉淺眉缺加色枯黃者膽怯貧寒，但山林這部位便十分重要了，兩邊髮際處，在驛馬之下，宜厚不宜薄，色宜明不宜暗。

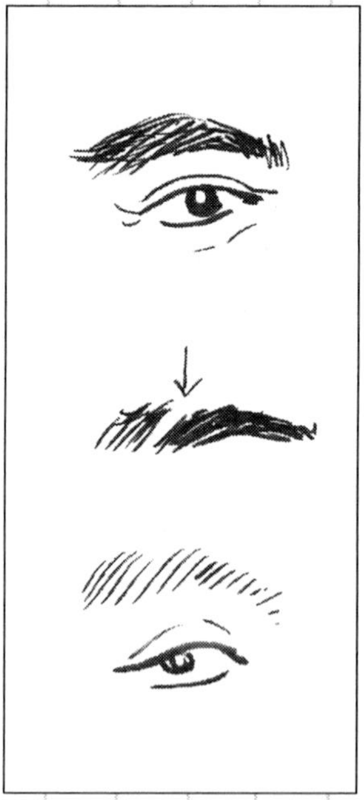

中正橫列九位

龍角，為顯貴之位。有骨肉端美、從眉上積起涉額如龍角者，主為使相，女人為后妃。若形盤薄狀如蚯蚓者，必多妒忌也。虎角，將帥之位，當主兵

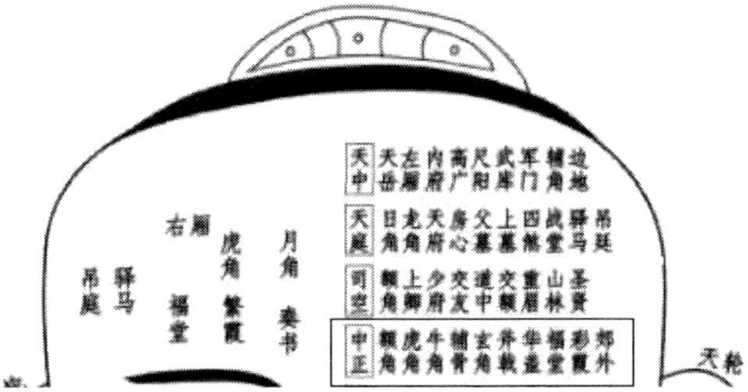

權。一名疑路，主行之像也。色好宜行，色惡慎出，有黑痣者行不遠。牛角，主權貴之位。骨起如角者，使相之權。輔骨，乃職制之位。骨大者官職大，骨小者官職小，缺陷者終身無祿。元角，主官祿之位。骨起有角者全祿，無角者不可求官。

由上停而下中正，已到了一個段落，再下印堂眉心便是中停的開始，因此須以橫看，主要是看兩條眉骨，女子有骨圓渾而起貫通眉骨，身份定必高貴，但須要骨不外露，眉骨微起即好，若薄如蚯蚓，曲起成彎狀，多為妒忌心重的婦人。

文中又有提到龍角、虎角與牛角等三種額相，

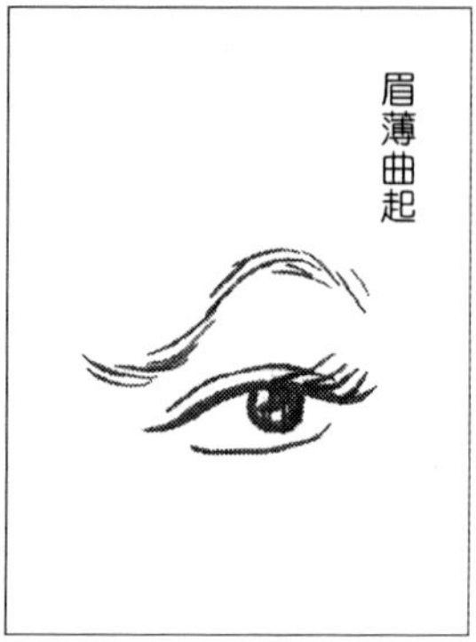

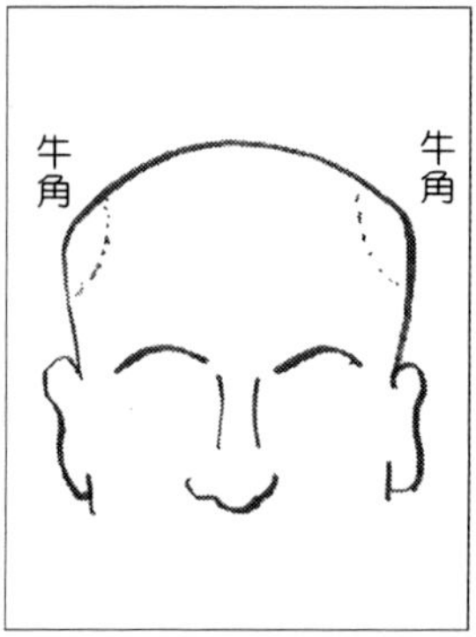

但未有提到在額頭那個部位，但都屬於顯貴非凡的相格，多數相書提到角的位置，都在頭上兩側。

其實人額又怎會生出角來，都只是想說明頭骨通上額頭，連著骨氣的關係而已，骨大官大、骨小官小這個看法，是有例可尋的，因為不少高官，其眉額之間都是很大的，當然這不是大得像大頭嬰那樣，要合理和順眼才講得通，讀者諸君不可不察。

此外，男性的額上骨起，光線便會由上照下，形成一條橫光，故從不同角度可見額骨之如光線起。

斧戟，主金吾之位。骨肉起者有兵革之權。色好，武選清顯。陷者兵死。華蓋，主邪正之事。深厚，主壽有官。短促，刑獄少壽。淺薄，殃邪。一名厄門。有惡色黑痣及平落，主暴死。一名皮布，乾枯者主經商銷折。福堂，主福祿之事。豐厚者，有官祿，無災，富壽。狹薄者貧夭無官。一生又遭非橫之災。郊外，主出行之事。若惡色，不可遠行。骨起者，一生不可出遊。有黑痣缺陷者，他鄉死。

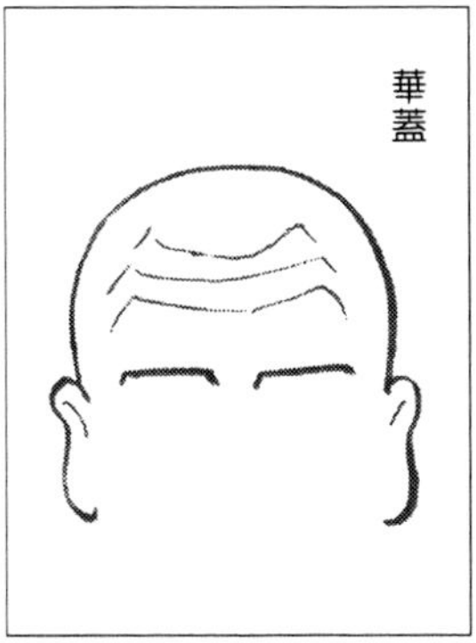

華蓋骨是指眉骨，華蓋紋是在額中央的一條帶有弧形覆蓋的額紋，這裡多數反映藝術和文學等才能天份，又與人之善惡德行亦有關連，也有一說華

蓋是粒孤獨之星，這紋成起伏狀是壽徵。福堂一般指額的兩邊，能看福氣和祿位之高低，須要厚而有氣，薄弱凹陷便不好了，有黑痣和凹陷就更差。

印堂橫列八位

家獄，主刑厄之事。平滿潤澤者，一生不徒囚。一名頻路。若是常不潔者，主多憂，陷缺者獄死。蠶室，主女工之事。平滿光靜，家內宜蠶。缺陷，無田蠶。色惡，妻妒不良。林平，主仙道之位。骨肉起及色常光澤者，修道德。或急或惡缺陷者，服藥死。

終於來到中停的起步點印堂，這裡亦即是眉心所在，須要平滿無凹陷，色要明潤不能滯暗，這是大家都知道的，印堂於流年歲運在二十八歲，但印

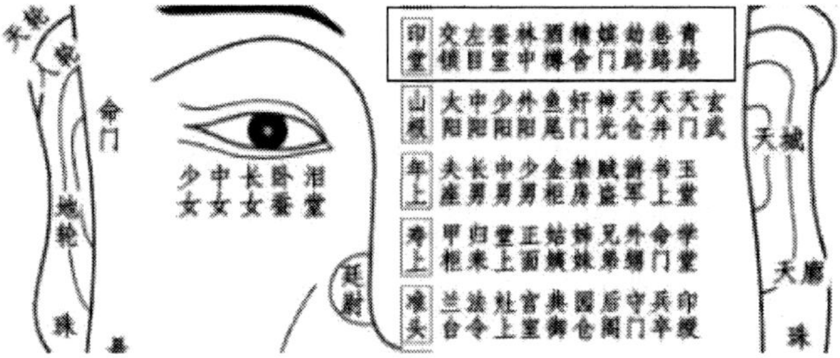

堂是看一生的，這裡生得好，通常都在性格和學習上較他人通達，運氣也很好。

精舍，主僧道之位。平滿色澤，釋慧有成。缺陷色惡者，釋無成。嬪門，主要宮嬪之位。豐潤色好者，妻婦吉慶。缺陷者妻婦厄。劫門，主劫盜之位。骨起肉豐及色好者，永不被盜。有黑痣，常被劫。發惡色，劫賊。青路，主私路出入。色瑩澤好者，出入則吉。色惡者，不宜出入，則有厄難。巷路，主公路出入。色淨平者，出入則獲福祿。色惡者，出入則有凶惡也。

由印堂橫列而行，其對應之重要部位，有眼睛和眼頭，鼻上山根旁之精舍，鼻上突出便顯得這裡略低，是屬於正常情況，由於基位低，故略為陰暗是正常，若氣色太烏黑，也是驚恐和神經衰弱的象徵。

山根橫列九位

太陽，主口舌喜慶。色惡，主鬥訟。有黑痣，常憂爭競。色好，男得好婦，女得好夫。中陽，主家室之事。青色，夫妻欲離。黑色，主病。赤色，夫妻鬥競，其色好，得暴財之吉。少陽，主災厄。黑色有厄，平靜少災，青色起入目者憂。色顯，鞭棰之厄。外陽，主相謀之事。黑色主被人枉謀。青色，被冤枉死。

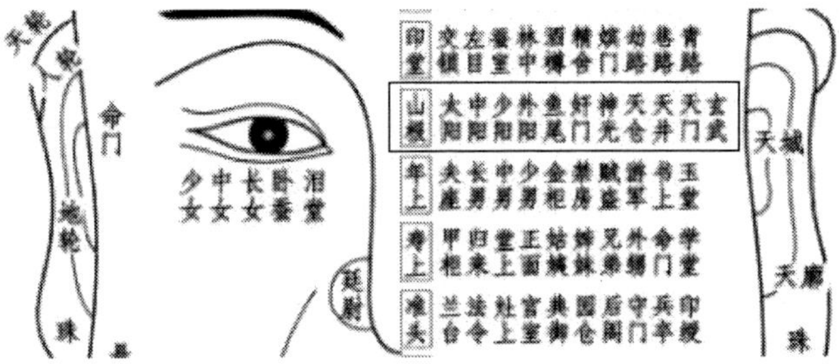

由山根伸展出去的，首先是遇到眼部、太陽、中陽、少陽，這三處同在於眼睛之內，但有一說法是眼睛上的眼蓋皮肉，但多數相書仍以眼睛論，因此眼白要清澈、眼珠要黑如點漆，眼是一生的重要部位，並非泛指某事之吉凶。

魚尾，一名盜部。主盜賊之事，有黑色，為盜所害。色好，一生不被盜。缺陷，是賊人也。色惡，被引也。姦門，主姦私之事。有黑痣，為奸盜所害。姦門有肉起，淫穢不避親疏。色黑，坐受姦刑。髮色好，得美婦。

註譯：

魚尾相等於眼尾一帶，多數看感情及妻妾運，主要觀其氣色明暗之吉凶，過了眼尾便是近耳門的奸門部位，這裡寫成姦門，只是用字有別，其意思實則相同，無須為名稱而生疑，大多數相書都以魚尾為奸門，而本書則視為兩個獨立部位看待。

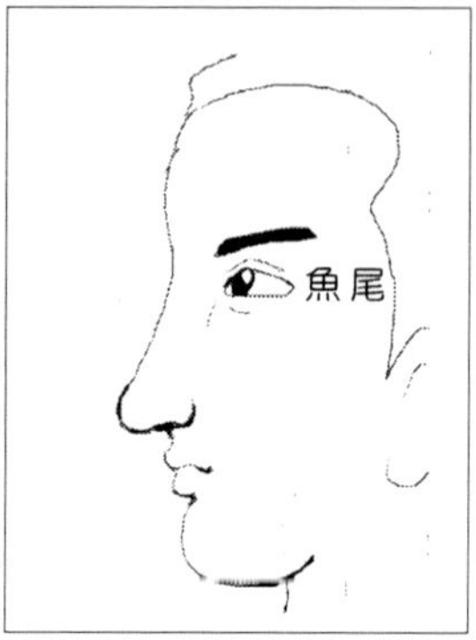

天倉，主食祿之位。平滿圓成肉豐。主食祿。此中不滿，縱得官常得貧任。一名軍門。有黑痣陷缺者，有軍中之難也。天井，主財帛之位，平滿，富盛。有痣，井厄。天門，主開闔纖占之事。又名地戶。發好色，主吉慶之事。發惡色，主婦人與爭訟。元中，主修行之路，在天門之後近耳也。豐廣者，學道有成。有黑痣，不可出家，主虛誕而無成。

天倉在眉尾對上，應該屬於額頭上庭範圍，被拼入了山根橫列之位置，天倉要平滿圓成、肉豐厚，這是倉庫豐收、財源好之相，天倉陷則財運欠佳、財來財去之象，另外天倉也可看男女的感情運，如見凹陷，是感情失意之相。

年上橫列十位

夫坐，女左為夫坐，男右為妻坐，主夫妻吉凶之位。光澤端滿者，男有好婦，女有好夫。有黑痣者，男主妨妻，女主妨夫。長男，主長男之位，定長男好惡。黑痣，主妨長男。中男，主中男之位，定中男之吉凶。非時發赤色

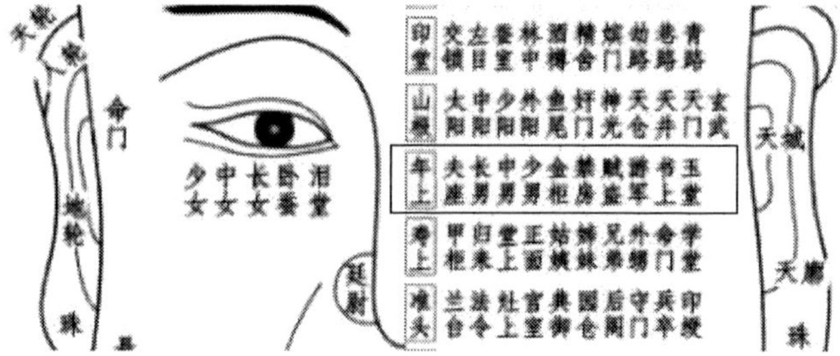

如豆者，不出一月，共婦鬥竟也。小男，主小男之位，定小男好惡。婦人有黑痣，則主妨夫。外男，主外子亦主孫息之位。如有黑痣，害父母。一名外宅。色平滿好者，男得貴家之妻，女得貴家之夫。目下都名房中，春若三月青黃色者，有子之象。男有黃色者生女，女有黃色者生男。白色，子死。赤色，子厄。皆以四時氣推之。有黑痣，憂子災。目下端平光澤，生男女尤多。

年上橫向的部位，其實都是大同小異，左為夫坐和妻座，是較為常用到的面相部位，位置就在山根鼻樑的左右兩邊，主要看夫妻關係，這裡處於面上的凹位，其實是陰影，接觸陽光少，故常呈暗色，諸位分清便可，此處又怕有紋痕黑痣，是夫妻間出現感情或性生活問題的徵象。

金匱，主金銀之位。平滿光澤者，主積金銀。枯陷者，主財乏。有黑痣，主有財被盜。盜賊，主偷盜之位。平滿者，不被盜賊。發惡色，即是賊。內禁，主內禁口舌之事。平滿者，一生不說人長短。缺陷有黑痣，常懷毀謗。遊軍，主邊遠之職。平澤色美者，宜任邊遠之官。色惡，不宜遠行。書上，主學堂之位。若不潔淨或有黑痣缺陷者，主無學問。

金匱有一說是在鼻翼，這裡表示在顴骨上，無論是鼻翼或顴骨，同樣忌偏枯和忌凹陷，也怕黑子和橫紋來侵，主破財失敗，顴骨看財運，須要豐圓高聳有肉包為佳，主財帛豐厚。又顴骨太外露和有黑子，主多是非小人。

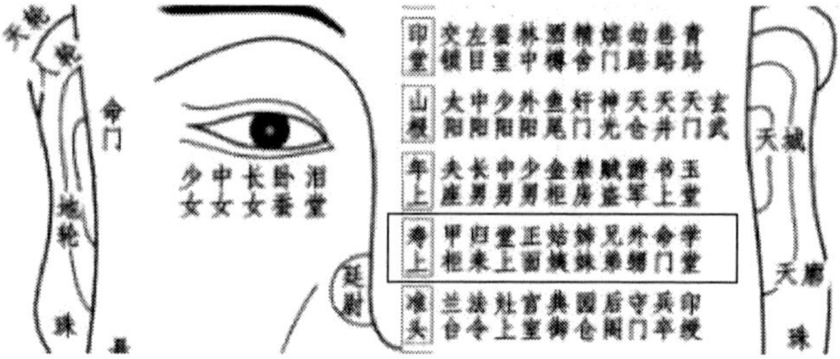

壽上橫列十位

甲匱，一名財庫，主財帛之庫。平滿光澤者，一生足財。若陷缺色翳者，一生乏財帛。往來，主行人之位。色澤紅黃者，行人不出月內至。枯燥者行人不來。堂上，主六親之位。色紅黃，主親戚相聚之西湖那。色白，主喪父母兄弟。端正，看人難易之位。色枯燥缺陷者，性難。色澤端正者，主性易也。姑姨，主姑姨之位。左看姑，右看姨。骨起肉色好者，姑姨美好。枯燥則姑姨多病。缺陷者，無姑姨。權勢，主權勢之位。端圓豐澤者，有權勢。毀者，無權勢。

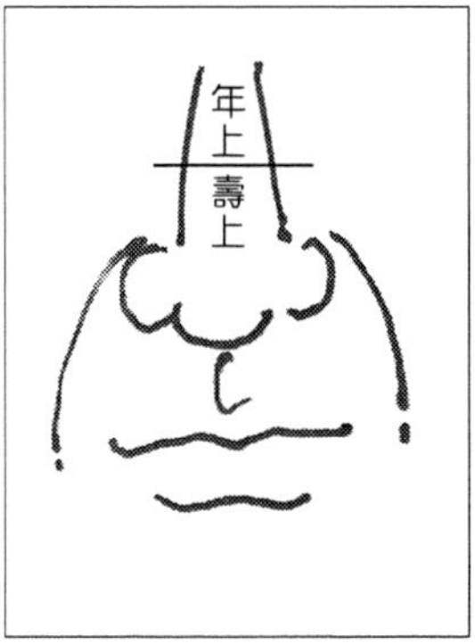

壽上與年上基本上都是在同一個鼻樑之上，如果硬要分開來看的話，這可能會分得太細而令人更難判斷，因此我覺得，壽上可與年上看齊，包括由它引伸出來的週邊部位。

兄弟，主兄弟多少之位。右為姊妹之位。左偏高妨兄姊，右偏高妨弟妹。端闊光澤者，兄弟强衆。兩頰如雞子，單身一世。外孫，主外孫之位。看平滿光澤色定，外孫多吉少兇。命門，主壽命長短。骨起入耳，必百歲不死。有黑痣，火燒。赤痣，兵死。色惡，常疾病患。學堂，主學識之位。骨隆端色淨潔者，文學聰明。骨陷色枯黑痣瘢疵者，無學

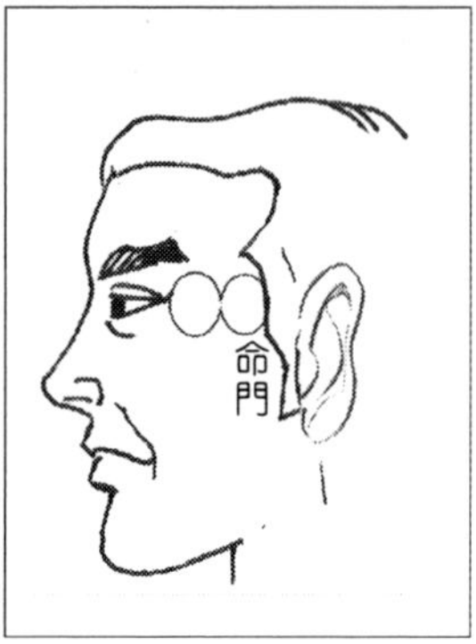

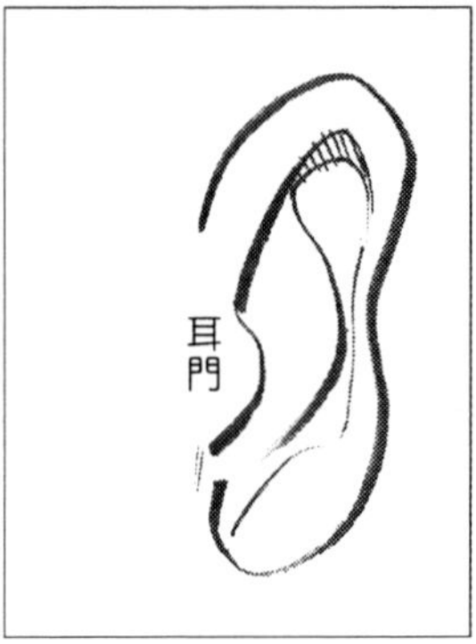

問也。

命門這個部位一直的是各家各說，有說是在耳前小軟骨耳門之上，也有指在耳門之前，但本書所指，在耳內入耳之骨。主要看人壽元，有骨會比無骨好，生得大者長命，如生黑痣、色枯和紋痕，均對健康不利。

準頭橫列八位

號令，主號令之位。端淨分明者，主施設號令，衆數咸伏。若無，出令令人慢之。一名壽部，長而

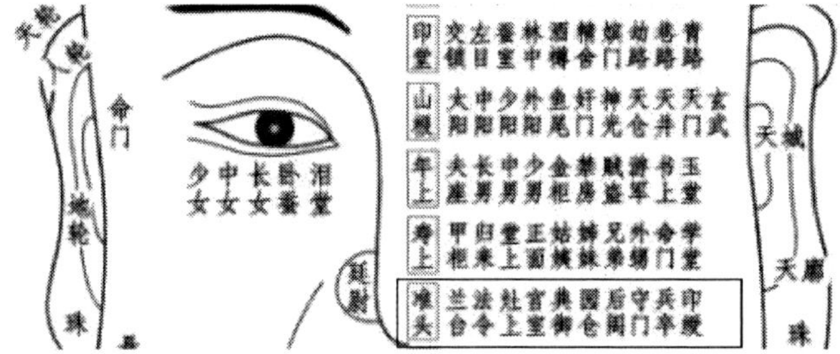

美，重而分，主壽高遠。上灶，主宅舍之位。平滿，主好宅舍。缺陷，無屋可住。宮室，主人房室之位。天子曰掖庭。色惡及缺陷者，主妻婦病厄，天子則主嬪妃疾厄。典禦，主僕使之位，看奴婢多少。平滿，一生不乏奴婢。陷缺枯燥，一生無奴婢。

準頭即鼻頭，由此而伸引開去的，相信至為重要的便是兩邊鼻翼了，鼻翼又稱井灶，但普遍指井灶為鼻孔，而這裡所說的蘭台和上灶是鼻翼，主要是看人的賺錢能力，財富的多少，在性格上來講，愈大的鼻翼其人也會愈夠膽色，但性格便過於自

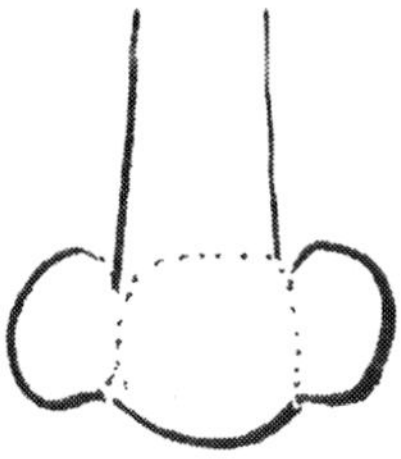

不露鼻孔

井灶太大

大，只要不露鼻孔，還是能賺到錢，錢用去了又會儲回，如鼻孔和鼻翼都太大時，便很易財來財去了。

> 囷倉，主食祿之位。平滿，主有祿食。缺陷，飢餓死。發青色者，主憂官災。後閣，主寄居之位。骨肉豐起，一生不寄住。缺陷，定他鄉之館也。中門，主富祿之位。平滿無黑痣者，主家道富。缺陷，一生無祿而貧。兵人，主兵使之位。平滿者有兵驅使。缺陷急惡，無兵使用也。

囷倉（又名禾倉）與食祿，其實這部份解釋和

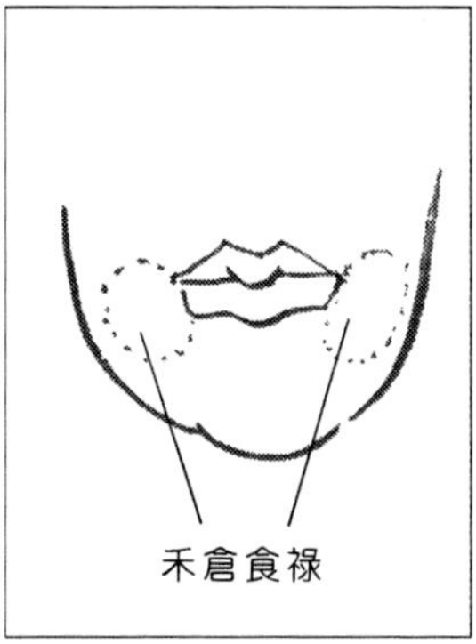

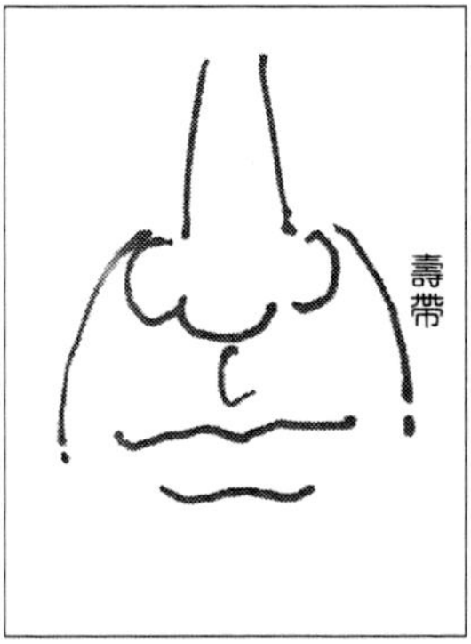

圖示都不夠分明，一般指食堂和祿倉，有說在口，有說在口的兩側，也未能太花時間去推測，若以文中所說，要平滿，那相信是在口的兩側。

另一個也十分重要的部位，便是法令紋了，法令又名壽帶，除了看人健康，更會反映壽命，法令深秀而長，在咀的兩旁伸下，主健康長壽，法令主權威，故又能中晚年受人尊敬。

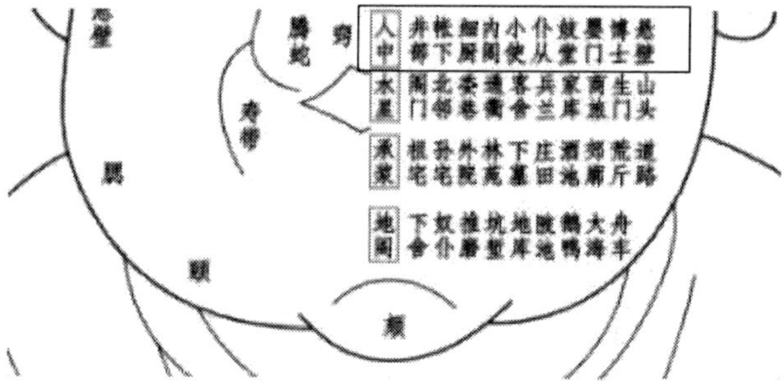

人中橫列八位

井部，主田宅之位。平滿者，宜田宅。缺陷者，一生無宅居止。有黑子，溺死。帳子，主廚帳之位。豐潤，主有廚帳。窄狹，主乏廚帳。細廚，主飲食之位。平滿者足，缺陷乏（膳）。發惡色，為食死。白色，咽酒食致死。黑痣，餓死。黃色，暴死。內閣，主闈閣之位。豐滿者，闈閣深遠。色惡，闈閣淺穢，缺陷亦然。小吏，主看多少有無。妓堂，主妓樂多少，女妾有無之數。媵妾，主要妾媵多少。平滿，家足妓妾之樂。嬰門，主醫學之位。若缺陷蒙翳，亦不喜服藥。

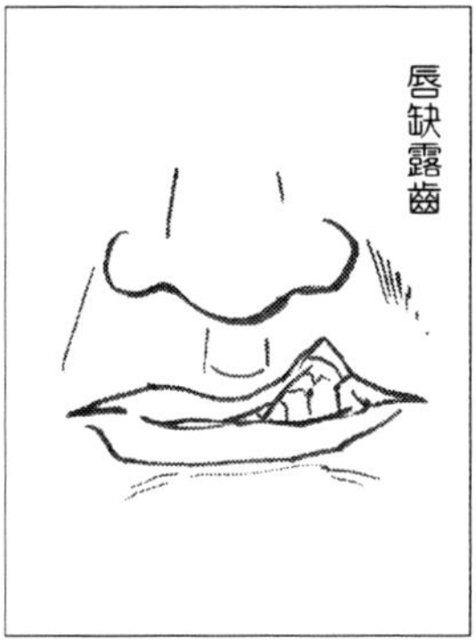

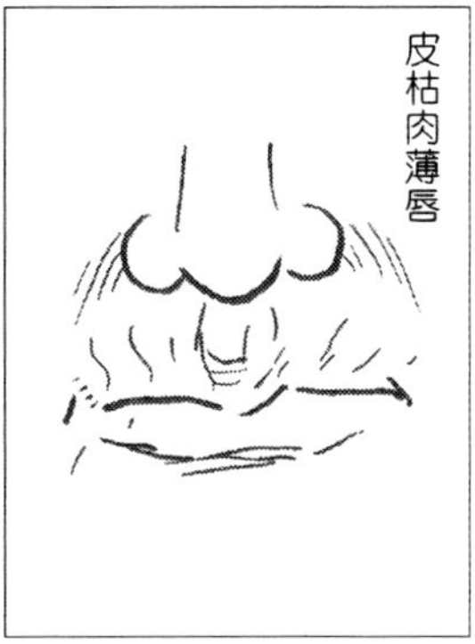

人中旁邊是嘴上的肉，宜其豐厚，主有衣食，俸祿高，最忌是唇缺，生有兔唇者一般上唇崩缺翻起，露出了牙齒，說其難以安居，因為口乃門戶，此處又居飲食之位，平滿色潤，主有健康飲食，相反皮枯肉薄色又暗，飲食失衡招病苦。

正口横列八位

元璧，主珍寶之位。高峻色美，家蓄金玉。色惡缺陷，金玉散失矣。門閨，主閨闈之事，亦主閨閤深淺。色惡者，閨闈有變。比鄰，主鄰宅之位。平滿色好者良。缺陷色惡者有黑痣，多鄰有惡人。委

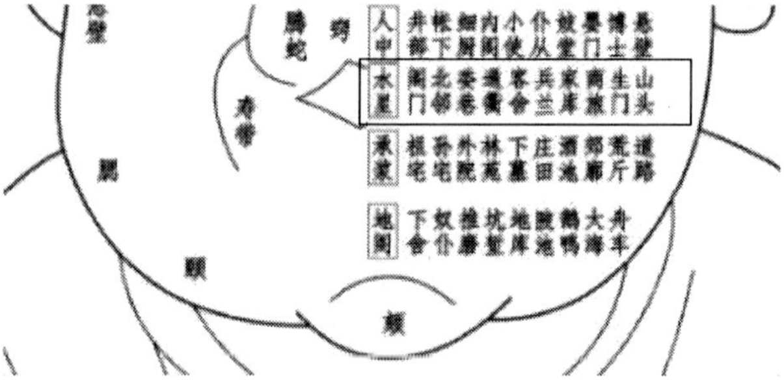

巷，主里巷之位。如惡色發，出入被劫。骨肉起者，無賊害。客舍，主賓客之位。平滿端好者，好賓客。缺陷者，不喜見人。兵蘭，主走使之位。缺陷者，家無走使。家食，主穀食之位。平滿色美，足糧食。缺陷色惡，虛名。商旅，主興販好惡。山頭，主路之位。平滿者，出入無險難，缺陷者，多災也。

口部之橫向就是咀角外的肉，這一帶基本上與前者並無太大分別，都是著重平滿，不欲下陷、紋痕缺失，色潤為主。

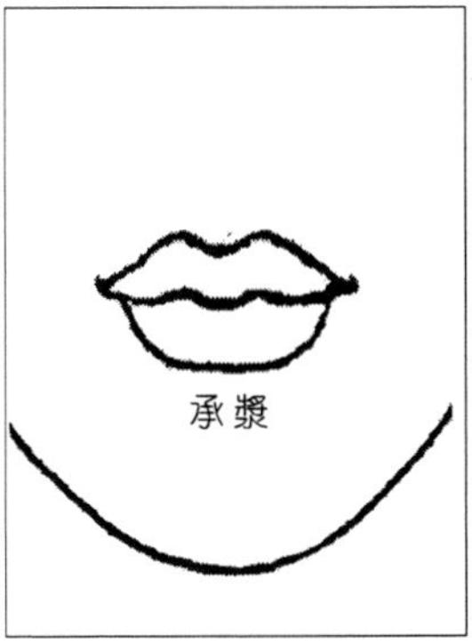

承漿橫列六位

祖舍，主父母田宅。平滿光澤者，足祖業。缺陷者，無田宅。有黑痣，主棄祖移居。外院，主牛馬莊田。平滿，足莊田牛馬。缺陷者，無。色惡者，牛馬損矣。下墓，主墓田之位。平滿色潤，主有墓。缺陷色枯者，積代不葬。野土，主雞犬豬羊多少，子孫進益之類。荒丘，主外國之類。平滿光澤者，宜外國遊行。天子，巷此中平滿，主外國來朝。欽庫，主車行之位。方滿主宜乘車。缺陷，乘車騎有厄。

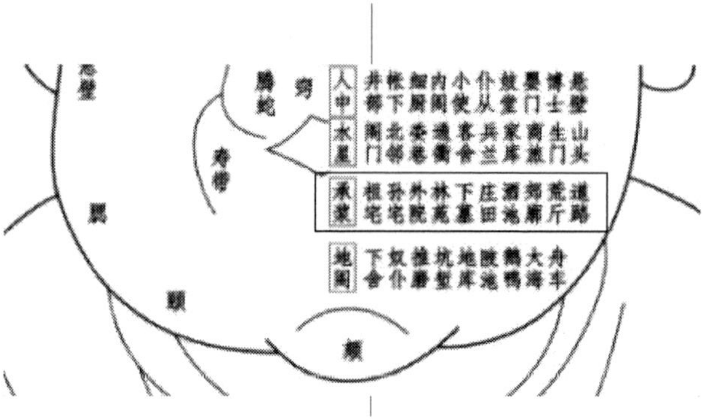

承漿在咀下承托著下唇的凹入位置，兩邊咀角外是凹位，也有飽滿的位置，其實與下文要講的地閣橫列部位是相連的，因此也不作重複，看下文。

地閣橫列七位

下舍，主外宅多少。平滿多外宅。缺陷有黑痣者，貧而無外宅也。奴婢，主奴婢之位。平滿者，多奴婢。缺陷黑痣，一生奴婢乏使。碓磨，主碓磑磨坊之位。坑塹，主厄難之位，有痣者，主墮坑險死。陂塘，主要池塘之數。平滿者，足陂澤，缺陷者，無田湖。有黑痣，主要涉江湖而死。發惡色者憂口舌。鵝鴨，主蓄禽養之利。看多少之數。大海，主水死之位。赤色，溺死。黑色，失屍。黃色宜涉江湖矣。

最後要講的便是地閣橫列之部位，這個是下巴的整體觀察，兩旁為陂池與鵝鴨，其與兩邊地庫成一凹一凸，構成一個小酒凹（梨渦），須互相配合，主要看晚年之福澤，倉庫豐盈主有車馬代步，古時是達官貴人才能擁有。

二儀相應

肅肅出乎天，赫赫發乎地。兩者交通已成，和而萬物生焉。此乾坤二儀之應也。故能富萬物，盛德大業，無所不至矣。且人之二儀者亦有像焉。

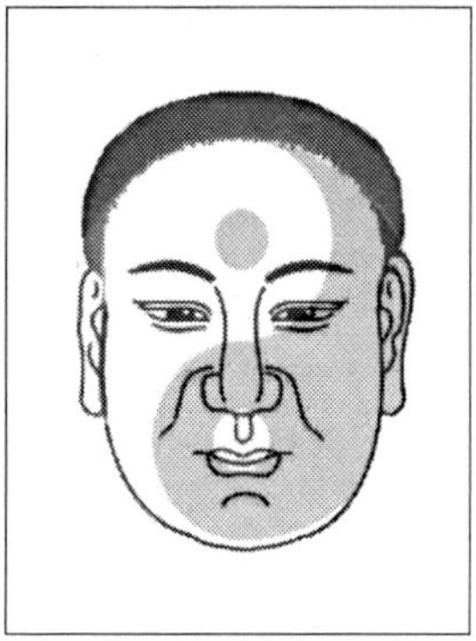

命理學和面相學都是源於易經，故易經被稱為群經之首，太極一陰生二儀、二儀者，陽為天、陰為地，陽氣下降，陰氣上升，萬物發乎於天地交融之間，人在其中，得天地之氣，形成了各自不同的樣貌來。

以頭為天，以頦為地，又以天庭像天，地角像地。此兩位欲得豐滿相朝，上下相應，故亦能富貴福祿矣。

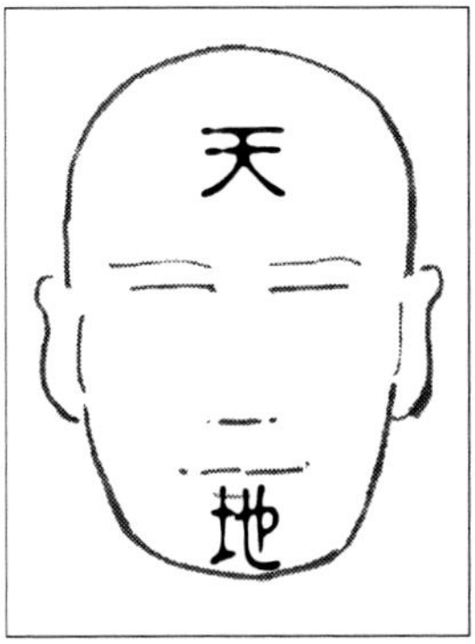

面相以頭為天，以頦為地，要上與下得相應方能富貴，故額與下巴都要生得好，天圓地方，這是個基本要求，即是額要圓，頦要方，但更高的要求是「二義相應」，前額若圓中略方，而下頦則方中帶圓，天圓能動，地方有載，最重還要是有肉向前朝捧，不能削薄尖枯，只要天地隆厚，性格既聰明又實際，成功機會自當比別人高。

五嶽

五嶽者，上應天之五星，下鎮地之五方。高峻敦厚，所以卓然立與乾坤之內者，以其相資而成天地之大也。人亦有所象焉

五嶽本為高山，投於面上，便是一臉之上的五個隆起部位，這在前文已有說到，這裡再作補充，列出五嶽之分佈情況：

額為南岳衡山，頦為北岳恆山，左顴為東岳泰山，右顴為西嶽華山，鼻為中岳嵩山。五嶽山高上與天接，

天有五星：金星、木星、水星、火星和土星。地有五方：東方，南方，西方，北方和中方。

故這天地五處，基本上都是同位而生，故天要高峻，地欲敦厚、天乾地坤、相輔相成，故能成其大，便能貴顯，於是其人便能圖大用。

故額為南岳，欲得方而廣；頦為恆岳，欲得圓而厚；左顴為泰岳，右顴為華嶽，左右欲得圓而正；鼻為嵩岳，欲得高而峻。故五嶽法，須要豐隆而相朝，高峻而不陷，乃相之貴矣。

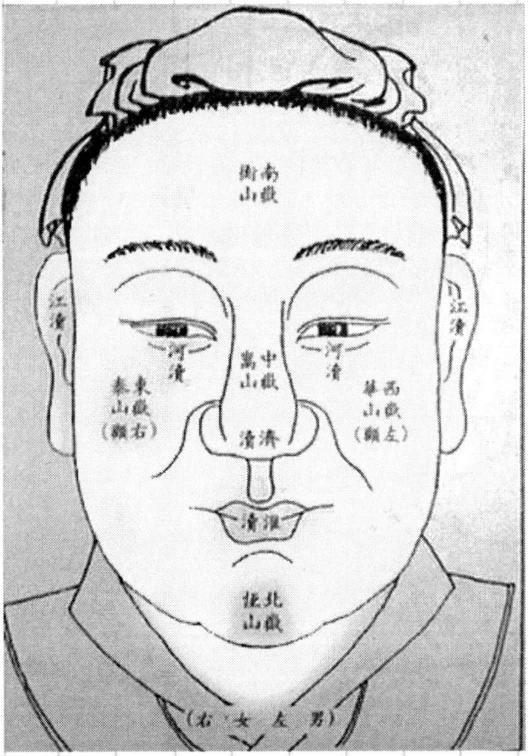

這裡分別說明了五獄的要求，額要方、頷須圓、兩顴欲圓且正、鼻宜高挺，更要豐隆和相朝，相朝即是向前隆起，古時每見朝中當官或富有商人，五獄都方圓豐隆（看前圖）。五嶽平日平常人而已，若然低陷更屬低下階層之人。（《人倫風鑑》同）

四瀆

地之四瀆者，所以相朝，以接其流通。人之形貌，亦有像焉。且鼻為濟，目為淮，耳為江，口為河。故四瀆欲得端直、清大、明淨、流暢、涯岸成就者，則應於神，故貴而多智也。若夫醜而不端，則為愚人。毀而陷者，則為賤類也。

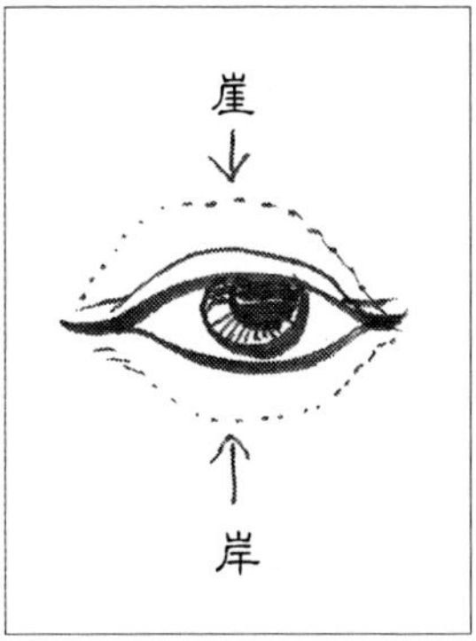

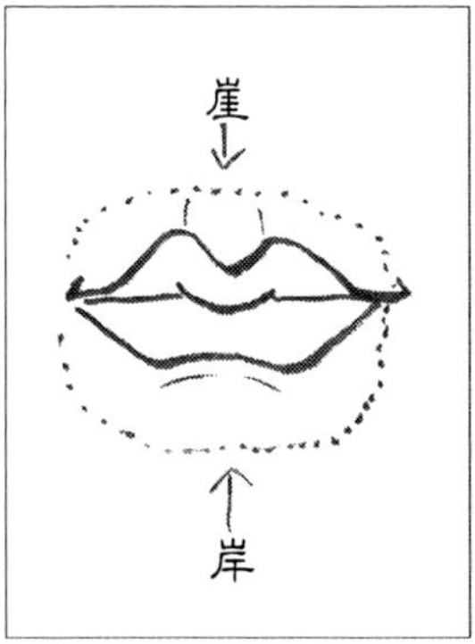

地上有四水流通，江、河、濟、淮，此為四瀆，看看面上何處可以有水份出者即是，亦即：鼻為濟、目為淮、耳為江、口為河。四瀆須要端正，不能歪斜，也要流暢明淨，水口不欲窄小，涯岸要有成就。

以上的端直、清大、明淨、流暢、涯岸成等，都是從形象去理解，實在須要觀相經驗豐富，才能聯想得到，例如流暢，如看鼻則指呼吸氣息之流暢，看口則為聲音談吐的流暢，耳和目亦可作如下理解：涯岸成者，是指四個部位週邊的肌肉，要微微厚起，此為崖岸不走，例如眼睛的上下方肉微起，始能起到保護眼睛和眼神的作用，此為涯岸不走，涯岸成。又如口的崖岸，便是口部的上下方有肉微起，於是涯岸便成。致於鼻和耳，鼻和耳雖然豐厚，但亦要旁邊肌肉不薄弱，才算理想。

五官

五官者，目為監察官，鼻為審辨官，口為出納官，耳為採聽官，眉為保壽官。五者欲得清而秀，豐而隆，或一官好，則貴十年。或有缺陷者，及醜惡者，凶。

面相五官，目為監察官、鼻為審辨官、口為出納官，耳為採聽官、眉為保壽官。這五官都是觀相時最常用到的，但這也和上面的四瀆和五嶽等有重覆，但我們看文思義，五官的「官」字，古時是指官位，眼是監察官，統管著一面之各個部位，因此必以此五官作為主導，其它面相過百部位則受五官之範圍管轄，如此看相，方不至亂。

文中說五官要清秀豐隆，這當然是指眉眼秀，不會是眉眼的隆，所謂一官好，貴十年，是五官各管十年的喜忌，人生如不計前運，由耳開始早歲起步，耳到眉、眉到眼、眼到鼻、鼻到口，不須中斷其氣運，由童年到中晚年，人生至重要的黃金期都在其中。

五官取人之貴顯高低和社會的地位，若論財富，則又要兼顧往下的六府。

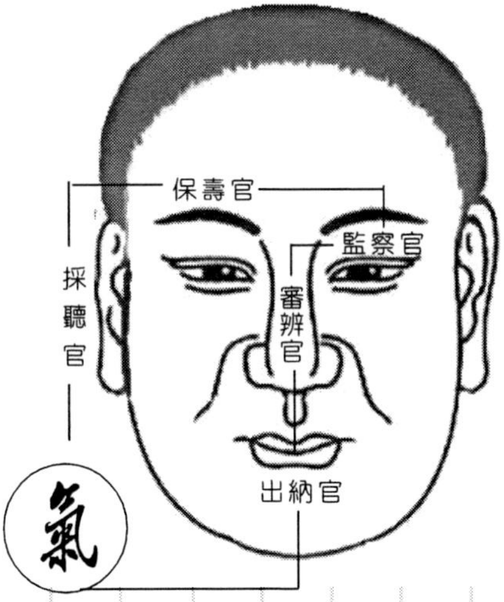

六府

兩目上為二府，兩輔角為四府，兩顴骨為六府。六府者，欲得平滿光而瑩。若一府好乃富十年。或有缺陷疵瘢黑痣者，凶也。

面相以形象化和好記憶為前提，令學相的人更能掌握人生吉凶喜忌，先前有五官，這裡又引伸出六府來，官府是互通的，所謂官府，官要有府才能立足，發揮大用。本書介紹六府，與其它相書有點分別，先是以兩眼（或指兩眼上方的頭額處）為上兩府，左右額角側的輔角為第三和四府，兩邊顴骨為五岳和六府。

一般相書看六府，以骨格為主，都以額為上府，雙顴為中府，地庫兩頤為下府，與太清神鑑有所不同，這不能不提，但一般都以坊間相書為標準，

六府圖

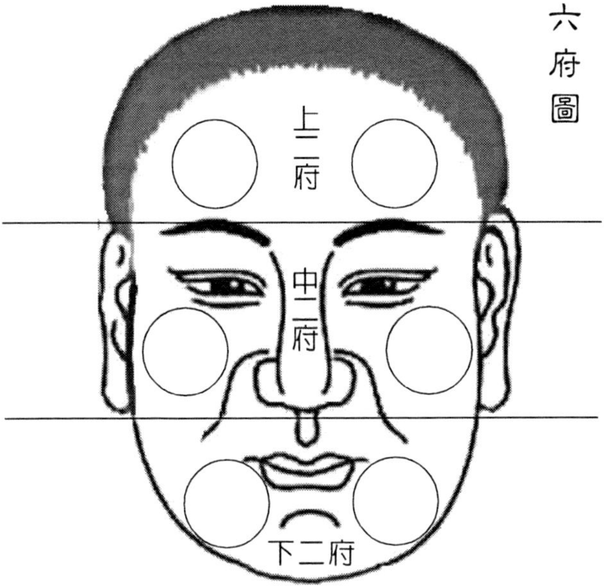

讀者可自行發心研究。

一府好富十年，這是指看人財運，便要從上下的天倉和地庫著手，然後再看兩顴，因為天倉代表流動資金，地庫是不動產，兩顴其實與權貴有關，是守住倉庫的重要部位，構成官與府的關係，這與現實裡有著一種微妙的反映，諸君大可以多加思考，必有所領悟。

六府要平滿，光潤色鮮明，最忌凹陷，尖削與凸露，也忌紋痕黑痣，只要六府全都生得好，其一生都不

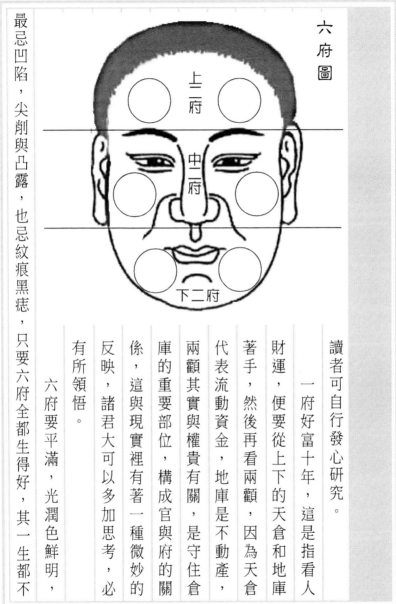

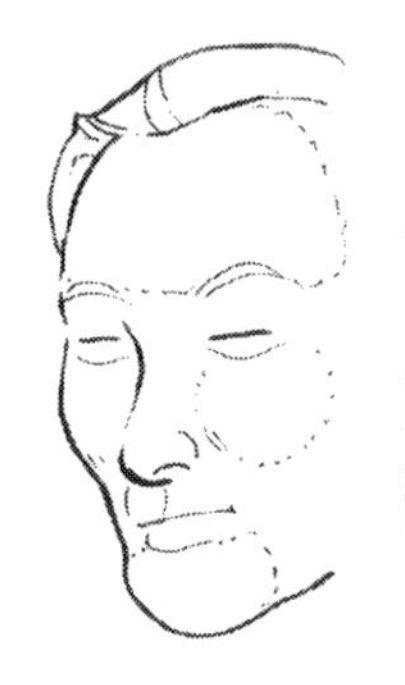

會貧窮，即使是鼻子這個財星不夠高挺，也不用怕，六府也會捧護著財運的這可從一些現實中的例子察覺得到。

五行所生

木為仁，主英華茂秀，定貴賤也。火為禮，主勢威猛烈，定剛柔也。金為義，主誅伐刑法、厄難災危，定壽夭也。水為智，主聰慧明敏，定賢愚也。土為信，主要德載萬物，定貧富也。

這裡要講的，相信不單止是五行，更重要的

是：仁、禮、義、智、信、這「五常」。

五常分別是：木主仁「右耳」、火主禮「額」、金主義「左耳」、水主智「口」、土主信「鼻」。

鼻所以為信，是一種堅定不移的自信，又為人的誠信，口為智，是反映人在說話中所產生的技巧，內在智慧由口中出。額何以為禮呢？應該是主少年在基礎說起，得父母和師長的悉心栽培，人的修養和一切學問基礎，都由此建礎。至於左右耳分屬仁和義，主要對向於兄弟朋友間的德性。

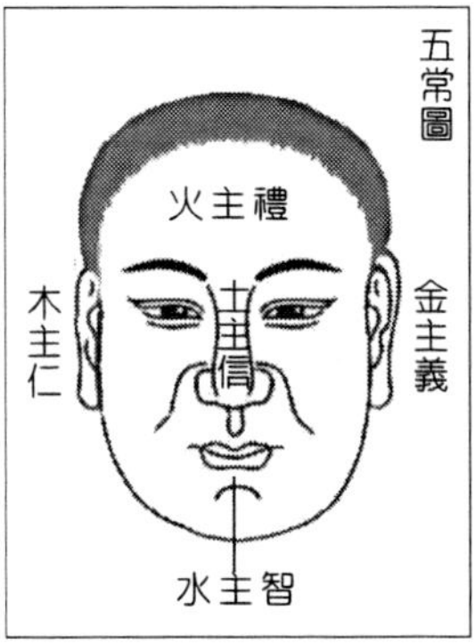

註釋：

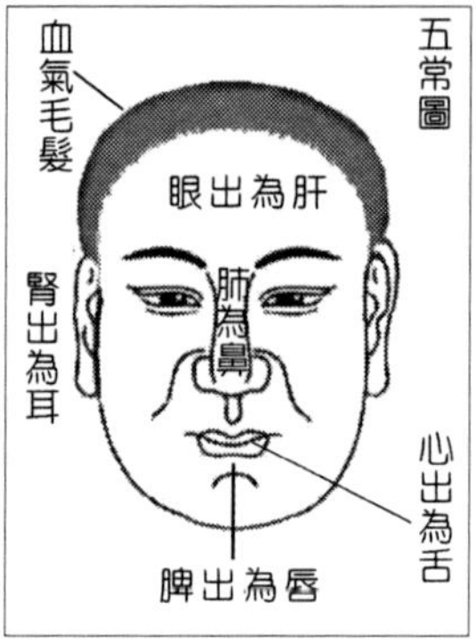

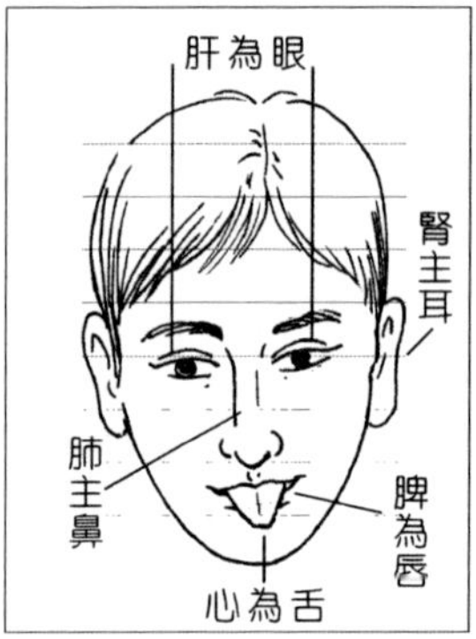

五臟所出

眼出為肝，又主筋脈爪甲。心出為舌，又主血氣毛髮。肺出為鼻，又主皮膚喘息。脾出為唇，又主肉。腎出為耳，又主骨齒也。

在面相學中看體內的器官，其與中醫學有著十分密切的關係，有部份更與西方醫學切合，古醫書裡，就有黃帝內經的望診相法，中醫以：鼻為肺之官、目為肝之官、口唇為脾之官、舌為心之官、耳為腎之官。

文中以：肝為眼、心為舌、肺主鼻、脾為唇、腎主耳，其餘還有筋脈指甲，血肉毛髮與骨肉等，都雜於當中，其講法與中醫對五藏的看法同出一轍。近年中國大陸流行著以面相學與中醫學並論，這實與易經與黃帝內經有著密切關係，很值作為相學的探究。

五表所屬之方

耳屬北為壬癸水，眼屬東方甲乙木，舌屬南方丙丁火，鼻屬西方庚辛金，面屬中央戊巳土。

面上的五大方位，接應了地球的四方，分別是：

耳屬北為壬癸水、眼屬東方甲乙木、舌屬南方丙丁火、鼻屬西方庚辛金、面屬中央戊巳土。

大多數相學書都會以額為南、頦為北、左顴為東、右顴為西、鼻為中央的，本書在五行屬性上，主要是從皇帝內經的五藏學說引伸過來，其泛指身體內在，並不代表外在所見，故與坊間的說法有所不同。

五行相生歌

耳有垂珠鼻有梁，金水相生主大昌，眼明耳好多神氣，若不為官富更强。口方鼻直人須貴，金土相生紫綬郎。唇方眼黑木生火，為人誌氣多財糧。舌長唇厚火生土，此人有福中年昌。眼長眉秀足風流，身坐金章朝審堂。

首先要說明，這裡的五行亦是源於皇帝內經學說，故也要從醫學角度作為參考，方能配合本書理念。說到五行互為作用，有相生和相剋，相助和相

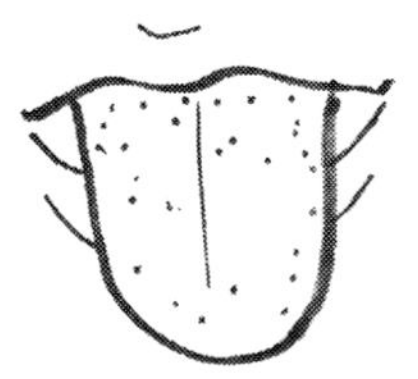

舌為火

洩這四種作用，這裡便提及到相生的作用，即：

金生水、水生木、木生火、火生土、土生金

耳屬水、眼屬木、舌屬火、鼻屬金、面屬土

以這個五行相生相剋系統來運作，便有情況：

耳為金、耳好鼻又好，便為金水相生，故指大吉昌，又眼明耳好，為水木相生，可主官貴或財富。

另外，又指口方鼻直相好者，是為金土相生，唇眼皆好是木生火，舌長唇厚為火生土等等，這裡有一點要注意，就以唇為土的，並非如其前所述，以面為土，這點大家須要注意，可能本書當口唇生在口外，不當作口的一部份，而視作面的一部份，口內的舌頭才代表火，大家必須細心明察。

五行相剋歌

耳大唇薄水剋火，衣食貧寒空有智。唇大耳薄亦如然，此相之人終不貴。鼻大眼小金克木，一世貧寒受孤獨。眼大鼻小難為成，雖有資財壽命促。舌小耳大水剋火，急性孤獨區人我。耳小舌大亦不仁，慳吝心惡多災禍。舌大鼻小火克金，錢財方盛禍來侵。鼻大舌小招貧苦，壽長無子送郊林。眼大唇小木剋土，相此之人終不富。唇大眼小貴難求，到老貧寒死無墓。

世間萬事萬物既有生自有剋，一般都以生為好，以剋為忌，五行以：

金剋木、木剋土、土剋水、水剋火、火剋金

耳屬水，眼屬木、舌屬火、鼻屬金、面（唇）屬土

如是者，以皇帝內經裡的五行：耳、唇、鼻、眼、舌為本。這裡便以大小來作相剋論，比如說：耳為水、唇為土、唇大耳薄是為土剋水。又如鼻為金、眼為木，鼻大眼小為金剋木，餘此類推。

五官比例何者為大，何者為小，沒有一個定論，最好以面上之五官比例作比較，另外也要與大多數人的五官比較一下，看多了自然能掌握得準確。我們要知一個道理，五官最重要還是本身的好壞，大小其次，除非是太大或太小又作別談。

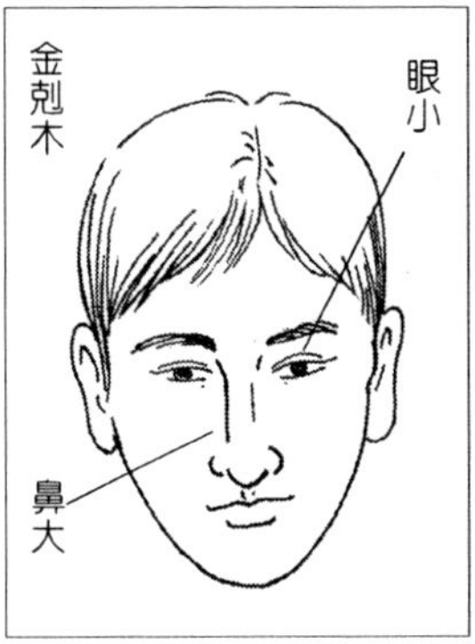

五行比和相應

耳反須貼肉，鼻仰山根足。眼露黑睛多，唇反齒如

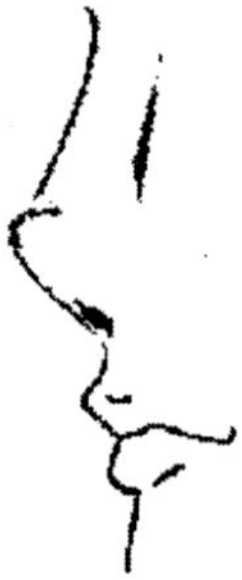

鼻仰山根挺

玉。臉近於眼口，必主公卿福。只恐壽不延，性氣剛難伏。

五行比和亦即五行的一種互相彌補作用，某一處生得雖然不好，卻有另一處調節，把其弊處減底，文中提到耳反須貼肉，但問題是耳反向前時，便很難貼肉，另指鼻仰當非佳相，但山根挺豐又能補足，睛外露但眼球大，眼白自然少，如露白少一些，其凶自減，唇反齒美者又會反忌為喜，當然這只是減去其凶，吉力亦相對抵消減半，尤其是眼露即使眼珠怎大，都是容易招凶之相。

四學堂位

一曰眼為官學堂，欲得長而秀清，黑白分明，主有官職。二曰當門兩齒為內學堂，欲得白而平正、密而瑩大者，主有忠信德行。三曰額為祿學堂，欲得方而廣、瑩而峻，主爵祿富貴。四曰耳門之前為外學堂，欲得平滿光瑩，主聰明學識也。

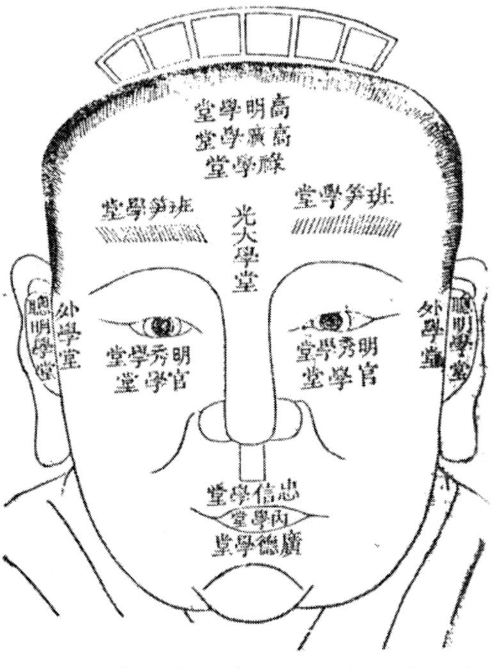

四學堂，八學堂 部位圖

學堂，主要看功名與職位，學識和德行等事情，本書作者用了很多篇幅來講述各種學堂，這可能古時讀書考取功名特別受到重視之故。眼睛，門牙，額和耳門，是為四學堂，此四處都平滿和光瑩，都是學有所成，見識廣博之相。

三輔學堂

本書在描述學堂所用的篇幅非常之多，上中下三輔學堂，其實際運作情況基本上與一般看相方法大同小異，古時的人很重視功名，看官貴者都須要檢視這三輔學堂。

以下便詳列原文，都屬於原作者的一種在古時所採用的主觀看法，大家可以平常心而論，自行探究。

上輔學堂

上輔學堂者，身自天中至印左右橫列十位，謂之二分部。光潤全起，成就平如逕寸，主大貴，出將入相，官至二品。更若中輔全者，位極人臣一品之職。上輔有一部缺陷，仍以中下輔參之。此而不成就，止主參領權務，出五主命，官至二品。或中下全陷無部應得，主給承郎。侯武更東西嶽起，地角高頷相應之時，節戟方面，或中輔更一分應之，必為真宰之位。當榮極旺二十年早遂，中限當秉生殺。若下輔二分應者亦無缺陷，當主大權。然下輔主繁冗之職，即不能久居相府，當鎮方郡，必建旌旗。若下二分與上輔全備，即使相矣。若上合一分、中輔一分全者，亦主內製清要之位。或只相部合一分五厘，餘別無應，形足氣清，必給諫御史之職。更中輔五厘應之，必殊常緊要之位，才名挺動四方。中輔二分全者，應為成就，主卿監使相兵將之權。或東西嶽起，地角朝厚，武官主侯伯之封。中上三分全好者，大權。一為皆小通無滯，一為旺二十年。所謂蘭膏成就，學堂寬博，真貴人也。若學堂或圓或方，五分俱起，統攝萬邦助國王，侯伯之相。以上若一位枯乾，惡色、亂紋痕，皆為破陷，雖郡城職位，多滯迍也。

中輔學堂

中輔學堂者，自山根下至准上兩眼正口並額骨六位，謂之一分位。若位豐隆，或若紅紫色光澤，無斷紋痕、黳黶黑痣，主都察臺閣清資。不然，兵刑之位，一生少滯無災，有聲名。更下輔一家全應，必為四品蔭深（一作卿監）正郎之職。若下輔二分全與中輔俱好，即三公尚書侍郎。不入兩府。有威權重名動朝野，武臣則建節方外將帥之權。其下輔成其中輔有五厘不成就，亦主卿監四品官。若中輔全就而龍虎外起，並主三品之位。如形神端靜，部位相稱，骨氣清秀，頭角深長，高入髮際，主給諫輕要之職。其氣昏濁，部位不明，疵瘢黑痣，是謂缺陷有破，乃一生少權，無聲多滯，官職歇滅。凡相人宜細詳消息，則不失矣。

下輔學堂

下輔學堂者，自元璧下至頤頷四位謂之二分位。二位豐滿明澤光潤而全成就者，主卿監正郎、兵將藩府、繁劇要務之任。如武臣，則防團刺史守邊之職。如二分俱備，只左右破陷四厘者，可取準頭應之。亦主有五品、三品職官。武則諸司使副之位，然須多滯，晚年方達者。下輔每分即有五厘、兩處共成一分者，京官幕職而已。若中輔兼得二厘，光潤豐滿，亦可位至員郎。或即上輔兩三部中相應合，成一分七厘者，主正郎聲望清顯。其上中下三輔合得八厘者，文主令祿幕府之官，武當借職班行之位。若三兩處每處二三厘合成一分者，雖無官職，亦主衣食自足。若上部一分學堂，員郎之位，二分學堂，兩眉分制，或中下學堂應之，則將相資財職。上部學堂二分，其三分者，不入兩府，主兵獎之權。共得四分者，出將入相。五分全就者，總攝四方，貴不可言也。上左右十位二分，中六位一分，下四位二分，都計無分此也。

附錄一

五行人格大解構

易天生　撰文

過去寫過了多篇關於五行相法的文章，一直都未有發表過，適逢其會，這次出版「太清神鑑－－五行形相篇」，正好讓過去這些文章得以重見天日，我把圖文都重新整理過後，發覺能完善太清神鑑五行相法，雖然古今各有不同的發展方向，但都是殊途同歸的。

以下的各篇文章就是用雜誌方式寫成，再作了一些整理，讀者諸君大可以放輕鬆些，用看報章雜誌的心態來看，五行形相的複雜性，或者可以更加簡淺地，令大家更能領略過中的奧秘。

金型面相解構

面相五行分成：金、木、水、火、土等五種形相，這裡便逐一為大家介紹各種五行面相，首先講講金形這種面相。

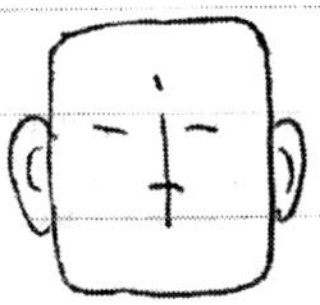

(A)

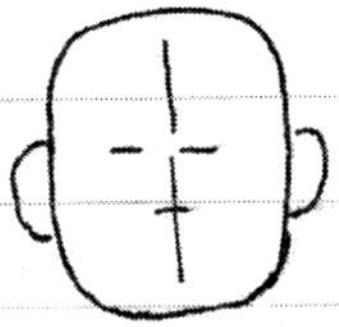

(B)

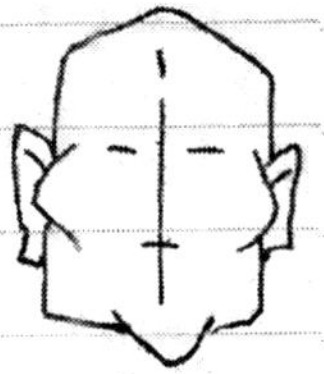

(C)

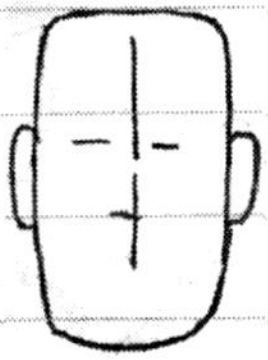

(D)

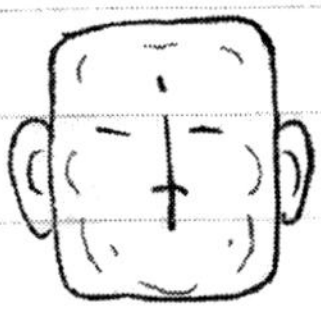

(E)

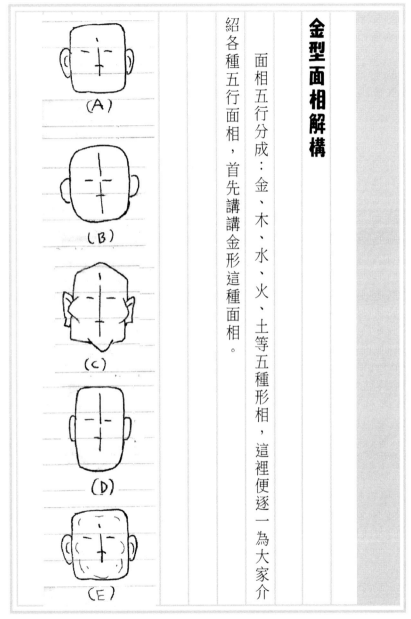

金形面本身

金形，面帶四方、骨格結實、體壯健，是個力量強、事事講求實際的人，不會感情用事，凡事跟足規矩，有時略嫌呆板，其人也有點固執而不識時務，容易得罪人，上司及長輩會有點提防他。

金形面的人五行配合得好，是為金形得真之正金形人，多在軍警界有發展，亦有人會從政，並有權力和位置，另外亦有很多選擇從商和成功的例子，也能夠在管理階層上取得成就。

金形面帶水

金形人最好帶點水形的圓臉，「金水相生　」是暢通無阻之象，必能事事順風順水。方中見圓、骨起有肉包是為金水相生。

全金形面的人，多數在軍警界有很大的發展，亦有些人從政，會取得權力和位置，能在管理階層上成功。

金形面帶火

如果方帶尖凸外露又少肉見骨，是金形面帶點火形，此為之火剋金之相，主有刑剋，火形是尖凸，外露少肉。金形本方，已太剛健，再加上尖凸火形性質，便會很出位、太過冒險，雖然勇敢，但卻不擇手段，性格也有點乖戾。

金形面帶木

金形人帶點木形者，是方面人卻帶目字形瘦長臉，此為金形帶木之相，這類人內心很多矛盾，做事又很多時改變主意，處處有著不順意的境況。

金形面帶土

金形人帶有土形的人，性質亦屬不錯，是土生金之吉相。土形人皮肉厚實、面方面厚，是個老實而穩紮穩打的人，這類人做事很賣力，腳踏實地，會一步步實現自己的理想。

男女雙方的方型面分別

女性以柔順溫馴為佳，不宜太過剛烈，亦不宜太過強硬，否則便會令男性對她有反感，望之而卻步。

現代女性很獨立自主，因此也不怕面方，只要方中帶圓便沒有問題，這反映她剛柔並濟，也能在事業及家庭兩方面都做得出色。但若女子面方面而帶火，見骨外露（如圖B），便容易有家庭不和、事業不穩的情況了，此正是所謂的兩頭也不到岸。

如果女性是純金形臉，國字口面（如圖A），她會是個女強人，平常在工作能力方面比男人更高，而且鬥心很強，但感情運卻相對地很差，這是因為她為人現實，不懂得談戀愛的情趣，感受性低所致，故此很難找到另一半，要個性內向和性格較軟弱的男性，能對她千依百順，其感情才有依歸。

金形面相大致上講完，接著要探討的，是木形人面相和配合。

木型面相解構

人面大至可分成五種形相，是：金、木、水、火、土，金形已經為大家

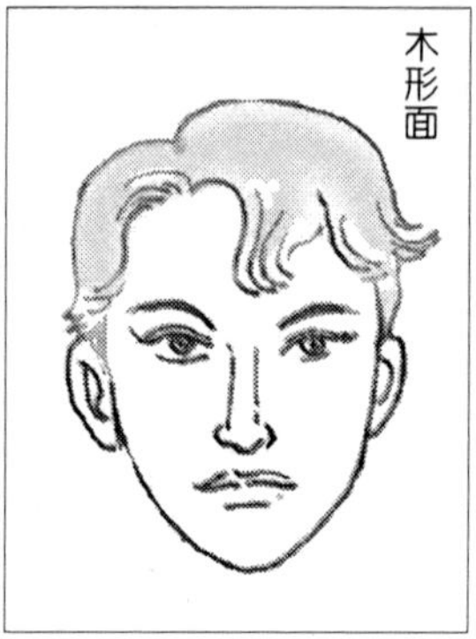

講解過了，現在講講「木型」。

木形面本身

顧名思義，木主修長、直立，其面形也會傾向修長和秀氣，但須注意的是，瘦人面削且少肉者，未必就一定是木形面相，要瘦不見骨木方真，皆因瘦人多數骨現，這反而是火形的特徵。

先講面長略窄的木形人，其性格屬於正直、刻苦耐勞、沒有野心，而且很能為人設想，卻較少為自己打算。

另一種屬於木型的面相，是「秀」，有點像瓜子口臉，面形上圓下尖，性格文靜、有修養、好學而聰明，但有時多愁善感，因為他是個多愁善感的人，所以較為情緒化，但又不失為一個有創作力、有天份的人，頗具藝術才華。（梁朝偉是木形面）

以上兩種五行面相木形得真者，必生得眉清目秀、皮肉幼細，這無論是長是秀，均能成為木形得真之正木形人。

以下是木形人帶其它五形者的面相吉凶：

1 木形帶「金」，刑剋多辛勞，多犯小人相

大凡是木形人，面上最忌生有方國，這類人很不懂世情，又不善用腦筋，處處犯小人之忌，運氣總難提升，最好是馬上增肥，令臉形飽滿些、圓些，以「水來解「金」剋「木」之弊病。

2 木形帶「水」，福運綿長，名利易得。

這是說木形臉的人，各部份均生得飽滿有肉，長秀而帶圓乃福厚之相，主多數擁有好聲名、才華出眾，若眉又生得好，主早發運、少年得志、中年得名利。

3 木形帶「火」，文武全才，動靜皆宜。

有一類木形人的臉上，骨格較粗、略為外露、骨高起而有勢，這類人每多為風頭人物，甚有表演慾、又能文能武、動靜皆宜，尤其膽色過人、自信心超強，更有著一種與生俱來的獨特才能，如能好好發揮，加上五官生得好，顴骨挺豐厚，必然成就驕人。

但有時也會太出位，因而產生很多敵對者。

4 木形帶「土」，運滯而固執，久缺靈活。

木形人不喜肉厚皮粗和色暗濁，因為這是木形帶有土的形相，這類人作事每多徒勞無功，只因其性格固執，不識時務、腦筋守舊，欠缺靈活變通。因而機會每落在別人身上這類人勝在忠厚老實，每多先苦而後甜，後運良好。

水型面相解構

水形面相特徵及特點

水形人的形相，主要是以圓為主，各位請別以為樣貌肥胖，便是水形臉，這只能算是水形臉的一種而已，真正水形臉，是面圓圓的，例如初出道時的張曼玉，面圓、眼圓，她便是水形得真之相。又如的韓星李英愛，也不覺得她胖，但因為她面圓，亦屬於水形臉，她們都是相書中稱許的「面如滿

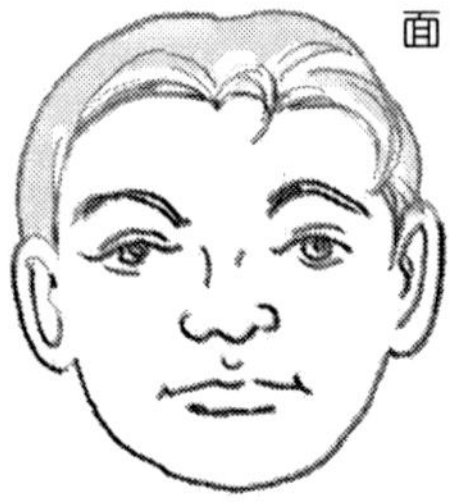

月」相。

當然，肥肥沈殿霞，就是最典形的水形人了，至於男性方他是「水形人」又以梁醒波為水形得真，曾志偉亦算入格，故而都才藝非常出眾。大家可以留意，玄學界亦有一男一女的名人術數師，他們都屬於水形相格。

水形帶金

水形人面本帶圓，若帶微金者，其臉圓中略見方，這類人性格優良、剛柔並濟、能屈能伸、能文能武、處事包容、胸襟廣闊，是一個經歷過風浪的人，能擔當重任。

因為五行以金水相生，故運亦能得到很好的配合，在商場上也甚吃得開，亦在管理階層表現出色。

水形帶木

面形圓中略帶秀或修長，例如面圓鼻子長又挺直、眉眼長而帶秀，其人才華出眾、多才多藝，總之是聰明機智，行動迅速，思想敏捷，很多時靈機一觸，可以有很多創意構思，故而得運。五行中以水生木，代表智慧，所以許多文藝學術成就高的有識之士，都屬於這類面形。

水形帶火

若五行水火對沖，最容易和外界產生矛盾和對立、不協調，這類面形每見於面形飽滿者，其五官或某個骨格出現尖角現象，故而令人望去有一種不

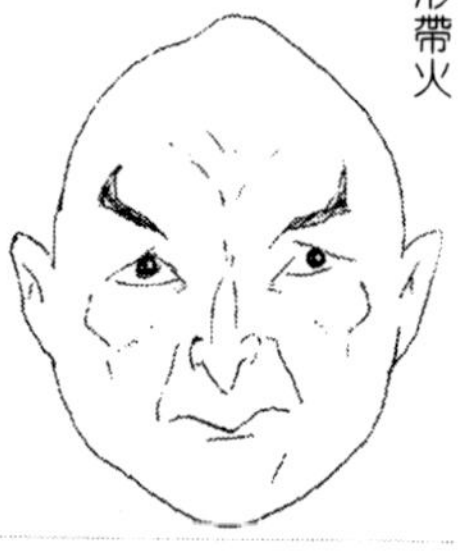

水形帶火

自然之感覺。舉個例來說，面圓但眉尖、面圓而鼻尖、耳尖，面圓卻眼帶三角、尖方，又或者圓面而口尖喙，這都是水形帶火之面相，性格上有某方面的缺失，以致運氣反覆，時好時壞。

另外是面圓之人顴骨尖凸、外露，頭頂尖、下爬尖削，都屬於運氣欠佳之面相配合。

水形帶土

水形人每多是皮膚幼滑，皮肉亦不粗厚，若見有人面圓、面肥，卻皮粗肉厚，如此乃土剋水之俗氣相，每多出身低微，身份亦只屬低下階層，每多販夫走卒之流，以出賣勞力者居多。因為這類人思想固執不通、智識也有限，所以很難從低下層超越出來。

水得真，正水形

這類人可憑著智慧過人而有所成就，尤以人際關係取勝，故一生安穩快樂，成就頗高，就如肥姐就正是水形得真，「入格」之佳相了，故能帶給人們快樂，也能成為一個聰明機智的藝人。

火形相格解構

面相五官之法，是相學的基礎，先判定一個人的五行型格，再細看五官骨格，自能得心應手，而現在就看看五行相格火型的配對。

在前面分別為大家講解過金、木、水形的相格，相信應該不難理解，現在來重溫一下吧：金主方、木主長、水主圓，那麼火呢？原來火主尖，基本上也不難判別的，事實上真的有些人是生得面尖尖的。

若要在娛樂圈中，找一些其它有火形面相的人，這裡有位藝人石堅，他最有火型入格之神髓，故能在武打片獨當一面。另外在星空奇遇的火星人冼樸，更加是入火型的最佳例子。另一位為人熟悉的火形相格名人，就是賭王何鴻燊，他頭面下停帶尖而露，鼻、眼、顴、口均屬火形，而且是「火形得真」之格局，故得大富大貴，古天樂眉尖、眼尖、耳尖、鼻尖、咀尖，也絕對是火形人無疑。火形人亦有夾雜著其他五行屬性的，其吉凶優劣頗不相同。

火形得真　正火形

火形得真的人，一般都較為少見，但若能符合上述火形相格者，加上眼神強而清晰，亦不失有一翻過人成就，但過程便帶點驚險。另外火形得真者，又要從其人之「氣」作觀察，一般火人都較氣急速，說話急勁，動作行事都比一般人快速，這都是天生火形的人外在動相。但得真者其氣勢強而不急，氣聚丹田而不至氣浮，故而優勝。

除了之前提及過的何鴻燊之外，還有個出位的玄學家，頭面顴鼻眼和下巴也尖，有火形入格的相徵，故而他在玄學界中，亦有一翻過人的成就。

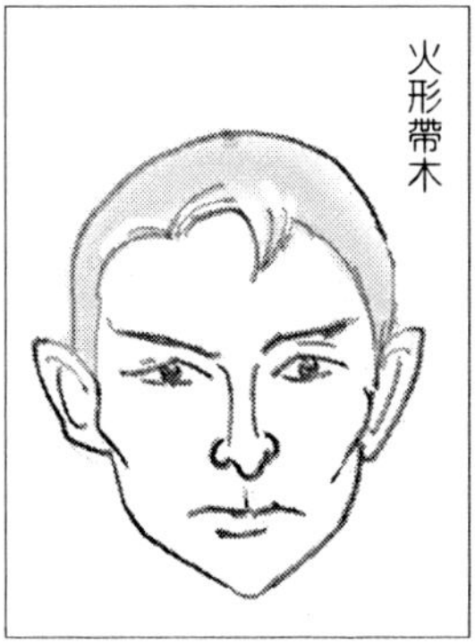

火形帶木

這類火形人有才華，其氣質得以發露時，會容易給人賞識提攜。火形人頭面尖而略露骨有肉，卻生得身長、腳長、面長，多數有才能技藝隨身。火形人鼻長、眼長、口長和耳長，能夠產生輔助作用，一生中會有一段頗不尋常的風雲際遇。

劉德華便是個典型例子，這就是木火形人，說他是木火形入格最為適合，因為他的面相「火」和「木」之間取得均衡，顴、鼻、眉、咀和眼都取得平衡，骨格是露而略尖的，其骨隆肉厚，正好符合極其罕見的：「木火雙重形」入格，故而大貴。

火形帶金　刑剋劫財

火形人面形本已略帶尖露，如見「金」者，尖露無肉、削薄、顴骨尖露削薄欠肉，此即「帶金」，即使面沒帶方形亦是，因火金相剋，必因權謀私而惹禍端。

火形人的鼻頭略尖而鼻骨粗，卻豐厚有肉的，像成龍、劉德華、張學友等，都是火形鼻而鼻頭豐厚的，所以建功立業，有驕人成就。相反鼻樑和鼻頭都削薄見骨，鼻子有如枯脊，此為薄情寡義漢，中年必招破敗。

火形帶水

火為尖露，水則豐滿圓渾，這似乎相對又矛盾，前面說到水形人圓中帶尖，是為水形帶火，現在說的卻有所不同，是火形帶水，面形上尖下闊，頭、額、顴、鼻、耳、眉等尖露，但卻口圓面圓，下停飽滿有肉，這種相亦不錯，因為火太燥烈，得水之圓渾下停，便產生剛柔並濟、能屈能伸之功能，故亦能有所成就。

火形帶土

火乃暴烈之物，故宜剋不宜洩，洩之則變弱，故火形帶土者，便會洩弱火的力量，火形人以尖露為主，但皮肉粗糙厚實，是為火形洩於土之形相，主健康不佳，性格古怪固執，難以發運。

至於火形人皮肉越粗糙、體格越粗重，則運氣越難開通，很容易走向歧途或盜賊之流。這種相格容易見於一些低下階層之中。

土形相格解構

一連講了四個五行面相，最後要講的便是土形了，我們繼講探討土形人對向其它的各五行之利弊。

土形以厚、實和粗、重為主，當然面相以厚實為佳。無論是那一種形，都無例外，會以粗糙為忌，幾乎所有五官部位都不喜「粗」，眼粗、鼻粗、口粗、面皮粗，一副給人粗鄙、粗魯的感覺，似乎只有粗人才會生有這種相。但現在所說的「土形人」，便有著「厚、重、粗、實」這四種特質，之不過要既粗且厚，而非單獨地粗糙而已。

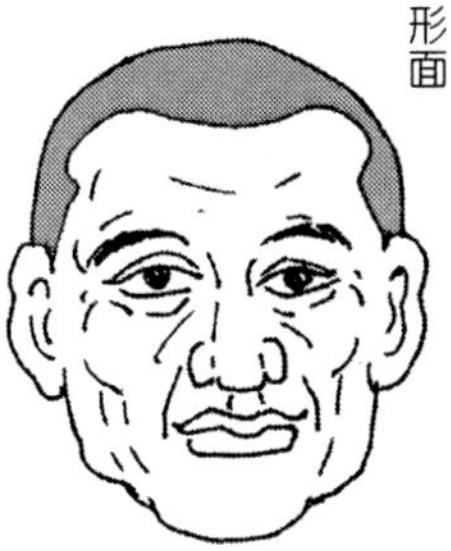

在土形人的性格上，會比較沉實、穩重、肯捱而有忍耐力、有耐心和不怕挑戰等個性，而缺點則是很固執和很堅持，以致有時不懂變通，不知世界

不斷在轉，故而常有停滯不前，欠缺靈活變通之弊病，可想而知其沒有多大情趣，不善於表達愛情。之不過，若是「土形得真」的真土形入格者，因為他們運勢強，每多能在貧苦大眾中脫穎而出，艱苦地捱出頭來，以他的誠實可靠、不折不朽的精神，開展其個人事業，在商界中，每多出現這類屬於真土形的大商家，就例如城中商家富豪鄭裕彤，就是最佳的例子。

至於在藝能界娛樂圈，土形人能夠走紅就一點不易，皆因大家都喜歡在熒光幕前看到青靚白淨的主角，除非是歹角吧，還要是大奸角，確實有幾位甚為吃得開的大反派，是面上皮粗肉厚的，若要說能以小生正派成功的，劉青雲就是一個典型例子了，他以其厚實和粗眉大眼、厚唇等特徵，令觀眾接受，原因除了他是真土形入格外，還因他精湛的演技，因此能成為一個出色的性格演員。節目主持人何守信，也屬於土形臉，更深受女性歡迎。

以下土形人配合各種五行之喜忌：

土形帶金

土形人本皮厚實、骨粗重，加上金形人之方國口面，形成更強的特出表現，骨格更奇異，五官更加強而有力，這類人的性格剛強不屈、堅定而沉著、刻苦耐勞，而且甚有愛國精神，在古時，會是一位守衛國家的名將或治國之材。

土形帶火

火能生土，故此乃相生相助之象徵，是好現象。因土形人性格實在太老實和不識趣，如帶點火形性質，鼻眉眼等略尖或突出，卻又有厚皮實肉護著，此實在是佳相，多數此類是「面懞心精」、「扮豬食老虎」之人，平常人以為他蠢，小看他，卻不知曉其大智若愚，而且性格略帶矛盾、亦正亦邪，這在今時今日的商業社會上，自然甚吃得開。亞洲金融風暴的大鱷索羅

斯，土形帶火。

土形帶木

土和木是自相矛盾，互相剋制的，而土形人面形略為瘦長或尖，性格便會有時不滿現實了，但卻很踏實地努力學習和上進，亦可以開創出成功的事業，但當中過程會比一般人艱辛數倍。

土形帶水

土本厚實而粗重，但配水形之圓肥、飽滿，則突顯出一種先天性的不協調，因為土剋水，又土濁水之象，是相沖之大忌，多數出現在身帶頑疾，或生理心理不平衡者之上，其人性格行為均與常人有異，而且壽命也會較短，決非好相。

真土形人　土形得真

上面也提過了，這類土形得真的人，性格行為及際遇都比一般人強，尤其是忍耐力特佳，能堅持到底而成功，他們多數從低下階層做起，歷盡艱辛後，事業越做越大，而且信譽良好，故運能長久。

但有一點要補充的，就是土形人的雙眼必須有神，有神方能發，神要清，是為上相。神昏暗濁的土形人，智不開、思想不靈，又如何能發，很容易便一生運滯。

第二部份

五行面相配五官

一直以來，講五行相法，先以五種形相：金、木、水、火、土定人面型，再細分五官眼、耳、口、鼻、眉來取決，到底屬於那一種五行。在實際操作時，讀者往往不懂得歸納之法，於是便無法判斷人之性格和命運了。

其實以上所講的五種形相耳朵，大家不必太刻意找尋，這只不過是一種歸類而已，最重要的還是了解到五行形狀之本質和特性，方、長、圓、尖、厚這五行基本形態，前文一開始便已經提到，如今再拆散成五官：眼耳口鼻眉來講解。

接下來是五行眉相之解構，而五行形相學問基本上講完，跟著教大家怎樣配合外五行，彌補內五行之不足，內容更深入，亦會加插一些例子作為借鏡，目的是教大家怎樣運用五行力量，掌握了方法，便可從外形判斷出性格及行為，進而強化命運。

五行眼相解構

接下來就要講一講各種五行眼相了，眼睛為靈魂之窗，在面相之上佔有

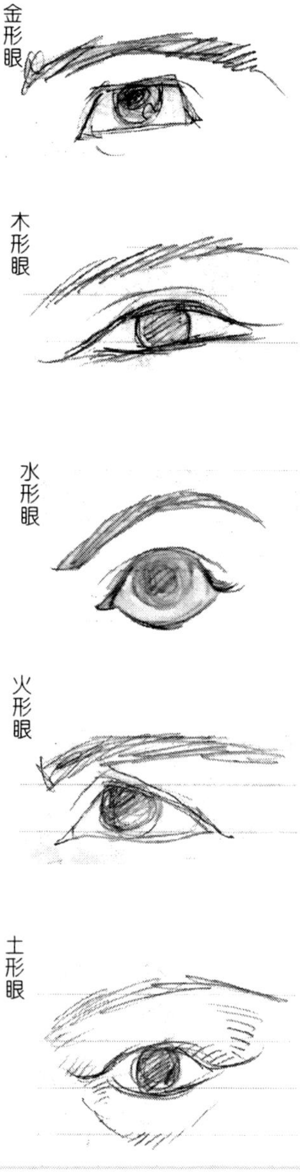

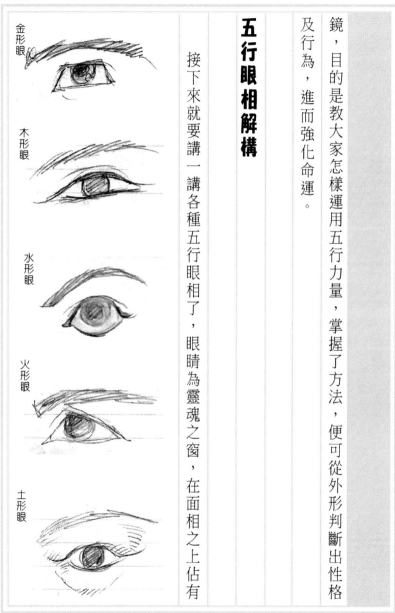

很重要的位置，到底各種五行眼相的特徵是怎樣的呢？請留意以下的講解。

金形眼　方

金形眼的人做事認真、較為嚴肅、好勝又好鬥，令人有壓力感，為人現實而不顧情面，很少言笑，內心不快樂，脾氣亦暴躁。當金形眼的人專注於一件事情時，會百份之一百全情投入，也不理會別人的感受，故此他的人緣會很差。此外，這類人常壓抑內心感情，人際關係難以順暢，在孤立下，必須發奮苦撐，方能有所成就。

木形眼　長

此類形眼的人，性格穩定、有理想、有氣質、有才氣、幻想力和感情也豐富，有時多愁善感。另外，這類人聰明好學、表達力強、心思細密，所以甚得人緣。古書稱這種為「鳳眼」，代表運氣很暢順和有貴人助力。

水形眼　圓

圓眼的人樂觀、開朗，但是性格不穩定，有時開心，有時又會苦惱。比較喜歡冒險、貪玩、愛新鮮和刺激的事物。另外，這類人還比較善變，不夠耐性。水形眼的人運氣較強，但會有運勢起落不定的情況出現，表現會時好時壞。

火形眼　尖

這類人性急、有機心、容易生怨恨心，但觀察力特別強，時常會思考對付別人，故此小人及事非也特別多，有時會過份憂鬱，懷疑自己和別人，感情複雜。火形眼的人運氣反覆，容易因小失大，做錯決定而誤事。

土形眼厚

土形眼的人性格沉厚、穩重，有時太過保守，一成不變，但卻很有忍耐能力，能忍辱負重，不過一旦發作起來就會一發不可收拾，其不喜歡變化，只有默默耕耘，因此運氣會較為穩定，守本份而不冒進，但也因而不易冒出頭來。

影響眼相的因素

亦有因素會影響眼相的好壞，首先不論甚麼形的眼，若果眼珠細小而眼白多，其缺點會加倍顯現出來，優點則會削弱，其次是眼的上下有「眼波」、有「崖岸」的話（如圖示），不論哪一種形的眼相，其優點也會加強的發揮出來，而缺點的壞處則會減至最低。

五行口相解構

在五行面相方面，配以五官之形狀，上期已講過了眼相，今次輪到講口相，口又為祿堂，是人的衣食豐足或貧弱之處，反映人的福運力量，口又為語言溝通之門，故重要性很大，五行口相，是要把眾多的口形歸納為五種，即金形口、木形口、水形口、火形口及土形口等，現在先來講講「金形口」

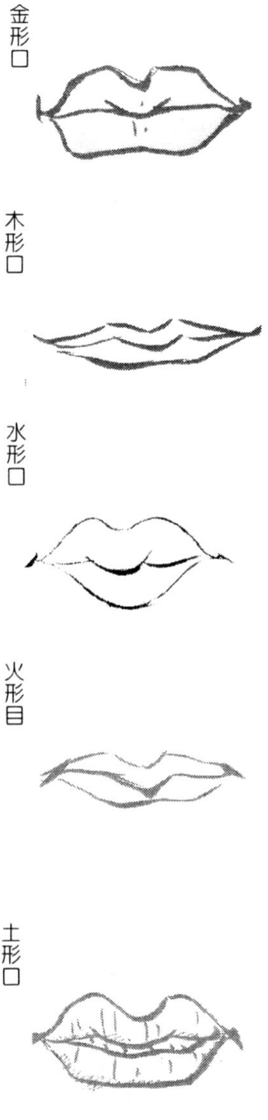

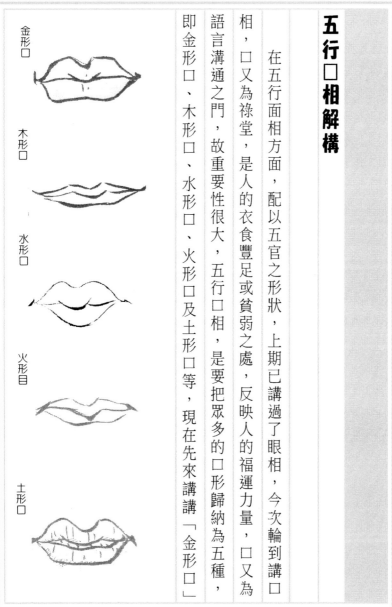

金形口

因為金主方，咀形四四方方的人，是較易得到衣食充足和富貴之命，原因咀方必厚　厚而不衰，合乎咀相要「厚」的要求，這類人每多忠厚信義之輩，說話講過一定算數，而且為人重感情，但有時會因為說話欠缺圓滑而令人不愉快。不過這類人言出無心、為人忠厚，別人也會原諒他的無心之失。

全形口的人每多從事一般技術人員、教師，也有做生意的，而且頗為適合這類人一主衣食無缺，如能和其餘五官耳鼻眉眼配合得好，必能富貴福壽俱全　因為金形口是五形口相中最優康和最強壯的一種。

木形口

木主長而細，細長的口形，是個頗為理性的人，感情不易表露出來，凡事都幾經仔細思考才去做，很少會一時衝動。以女性來說，咀形細長的女孩子，個性是較為保守的，但工作方面卻很主動，也很夠膽色。在人緣方面是這類人較弱的一環，因為他每件事也要公正，又不肯讓步，很堅持己見，有時更會沉默寡言。總括而言，這類人是頗有性格的。

水形口

水形口以圓大為主，咀十分之厚、又生得大，表示活力充足、精力充沛、人緣甚廣、很有吸引力和活潑機靈。不過缺點是善變而欠恆心、不夠專心，每樣事物都想一試，有點貪新鮮的心態。此外，這類型的女孩子性格較開放，感情豐富，為人熱情，因此很易引起男士的追求，可以說是「桃花口」。看藝人舒琪、芳艷芬和梅艷芳都口大。

火形口

火主尖，以凸出為主，明顯地咀部突現出來，還有點咀尖，這類人最富於攻擊性，鬥志堅強，有很大的決心，做一件事情做不到便不罷休。經常出現與人鬥爭的場面，因為他「把口唔收」，說話常常有「骨」。不過這類人口直心快，說過的話很快便會忘記。

另外，生有火形口的男女都較易晚年運差，所以後半生會較不利。若果眼鼻耳眉生得好就不用擔心，而且為人有骨氣、不畏強權、疾惡如仇，常會為他人出頭，爭取公義、公正，以抗爭作為手段。

土形口

主厚實，咀形粗露，這類型的口，性格較為粗獷，行動力強，強健而體力足，可以是一個頗出色的運動員，也可以是一個衝動的熱血青年。如果咀太大就很不好了，相書有云「咀大無收」，就是形容咀大又厚且粗的人了，多數是低下階層出身，思考能力不高的勞動者口相。若五官其它部位生得好，也能平實地做個普通人，或開間小店做點小買賣，自食其力。

五行眉相解構

五行配五官最後要講到「眉毛」，眉為一面之表，想像如果人沒有了眼

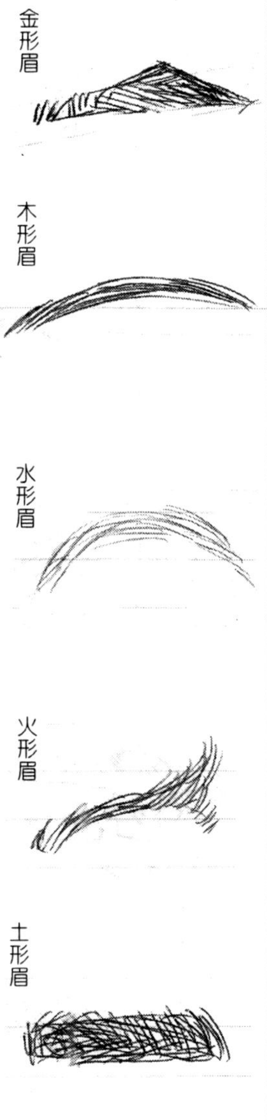

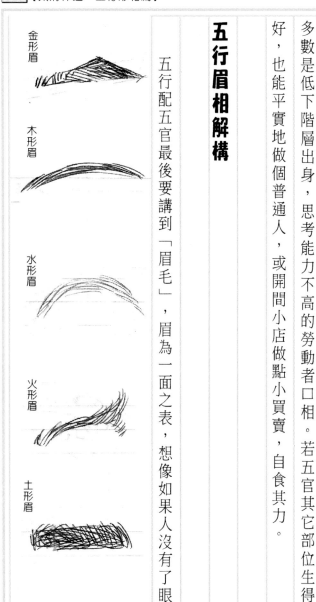

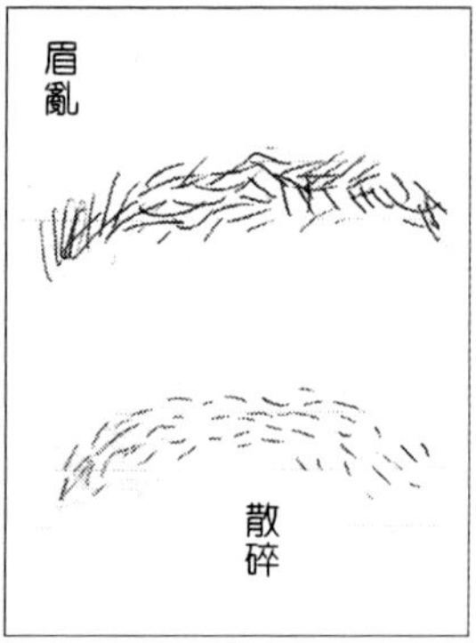

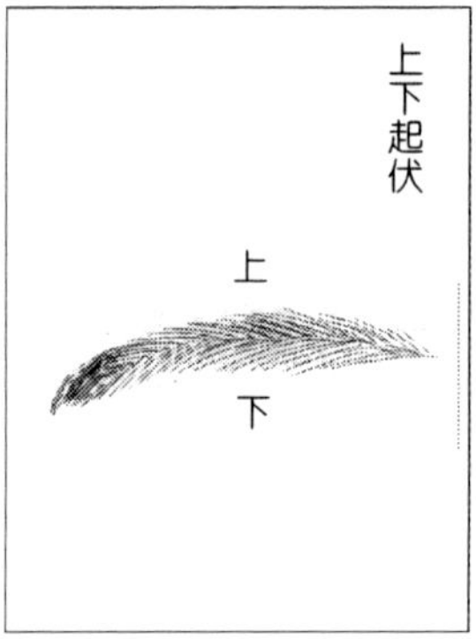

眉的話，就算是樣子怎樣英俊或美艷，都會變得陰陽怪氣起來，眼睛凸的人會變得凶起來，眼神弱或眼眶陷的人，更像病弱者，因為情緒是會從眉相中表現出來的。

此外眉愈亂性格會愈複雜，眉越散碎便越情緒不受控制。一雙好的眉毛，需要清淡適中，不太濃也不太淺，若生有濃眉則須不亂，生有淺眉便要清而順，總之眉毛生得清和順自然品性純和、朋友運佳、情緒穩定。

至於何謂清順的眉看，每一根眉毛都能柔順地「根根見底」、「上下起伏」即是。

金形眉

眉毛略粗硬、直而眉頭略粗、眉尾段起角像刀眉。

生有金眉的人性格剛健、人勇敢、孔武有力，每多在運動場上有所成就，又會在軍警界特別有利，人有正義感。金眉生得清順者，人有義氣、俠義心腸，能在人生路途上，發揮出最大的功能。三十歲起便上運、出位、疾惡如仇，很容易成為領導者。相反，金形眉生得亂或散碎者，為人剛愎自用、不近人情、衝動惹事、容易產生意外。

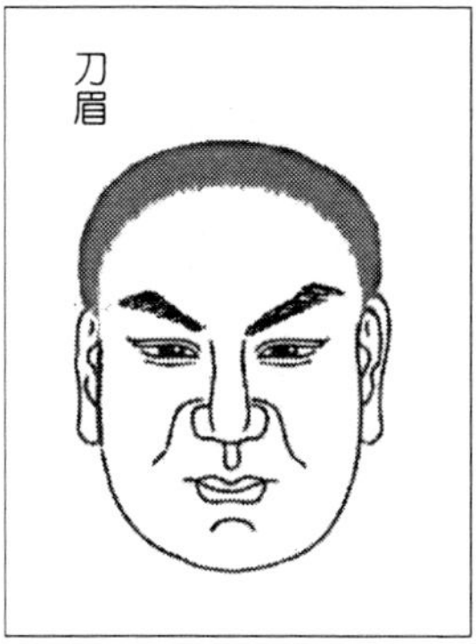

木形眉

長而透柔順略彎，如「柳葉眉」。

眉幼細又生得清順的人，容易「出名」、受人歡迎、才華出眾，藝術細胞特別強，眉清目秀者，更可以早成名、少年得志。若眉雜亂粗濁或散碎，則讀書不成、好高騖遠、不思進取　、不務正業。

水形眉

彎曲弧形、輕清薄、生得高、不壓眼。

水形眉清而順者，性格隨和、機靈而善變、為人樂觀、甚懂得處理人際關係，又懂得享受、興趣多、見多識廣、知識豐富。相反水形眉生得亂而濁，則玩世不恭、好色放蕩，眉若垂成八字，同樣又好食懶飛、好飲色，容易而不思長進。

火形眉

眉尾尖勾，撓起，弝略帶亦紅，成鷹眉狀。

這類眉的人性格主動、喜歡冒險、頭腦靈活、思想快捷、行動迅速、但有機心且喜兵行險著，若眉清而順者，必能奇兵突出，戰勝對手。此外，這類眉的人性急如火，氣勢迫人，在競爭激烈的場合，大大佔優。

若火形眉亂而散碎的話，必定是個奸險小人，機心計算和設計陷害他人。若加上眼露帶凶，會惡向膽邊生，故一生運程都大起大跌，更隨時會身敗名烈，可謂多行不義招災禍。

土形眉

又稱羅漢眉、粗濃、眉深而密、闊而頭尾皆平、眉頭粗時眉尾亦粗。

此類眉者性格沉實、守信用、重情義，加上眉粗中見幼者，定必從商得利，積極致富，若粗濃中帶順者，又會是個專業人事，對某些工作或學術有深入研究，每每在一些專家學者之中，能發現此眉相，但這類人亦略有固執和守舊。相反土形眉若見亂的人，思想混亂、自私自利、胡作非為、愚蠢，心智失衡等，如眉再壓目，便會是個低下層貧苦者，若見眼露會以非法取利居多。

五行鼻相解構

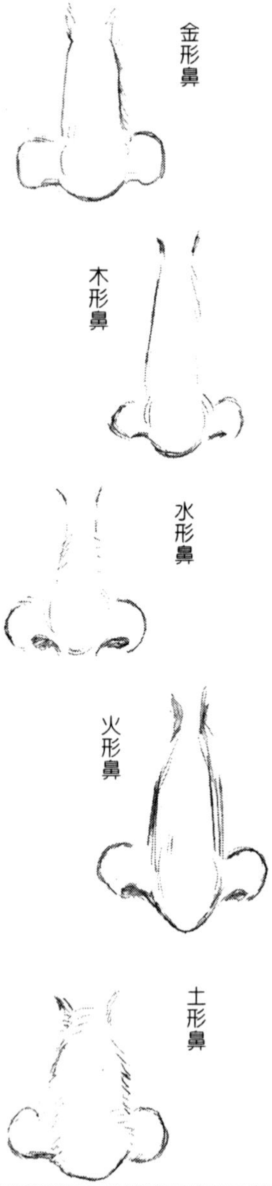

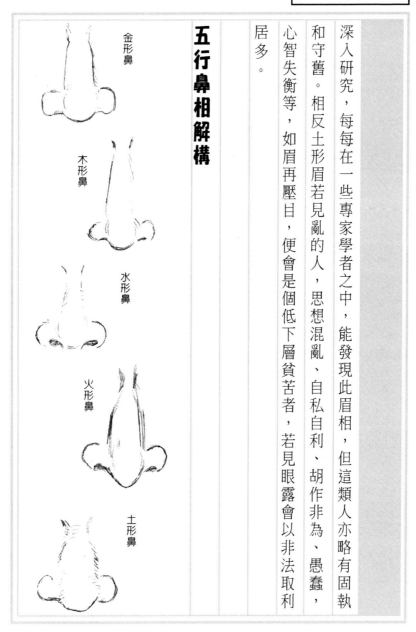

五行中以五官相配，口和眼都講過了，今次輪到講鼻相，鼻為一面之尊，問財在鼻，所以說看相先看鼻子，是一點也沒錯的，而且鼻子在流年運限代表中年，四十至五十歲行鼻運，人的黃金時間正正就在這個鼻子之上。

運用五行中「金、木、水、火、土」來辨別鼻子的類型，便可以輕易掌握到看鼻相的心法了。

金形鼻　行動型

鼻強粗壯、有鼻骨、結實、略呈方形。

金形鼻的人，性格堅強、自信、不畏強權、經常充當抱不平者、夠義氣，也常為人出頭。總之他絕不會是一個弱者，有時會很現實。

以上所講是「適中」的金形鼻，每多在商界、政界或軍警界、體能、運動界得到成就。但金不宜過剛，因剛極則易折，會適得其反。

「太強金形鼻」

太強的金形鼻會，骨高粗露而欠肉包，鼻子大而無當，如是者，個性必魯莽、粗暴、脾氣大，容易剛愎自用，招惹敵人。

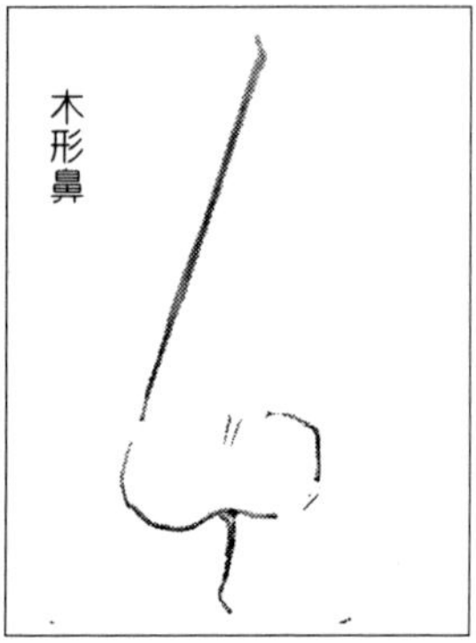

木形鼻　斯文形

清秀而修長，端正秀美，挺直。

性格傾向於文藝、甚有氣質、有個性、有魅力，對於理想追求，求知慾都很強，但有時會脫離現實。每多在藝能界，文化界，廣告及創作等界別會有所成就。

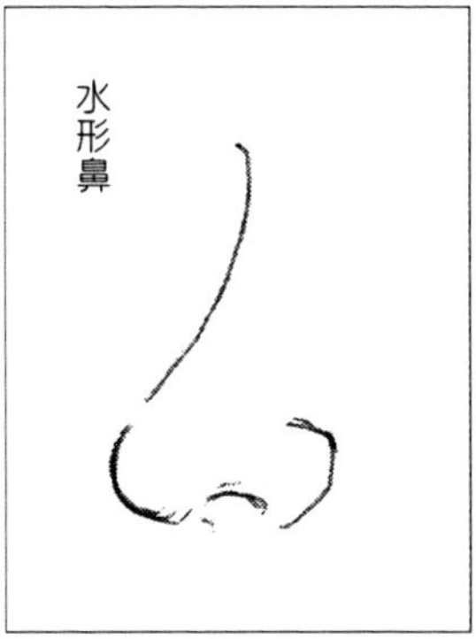

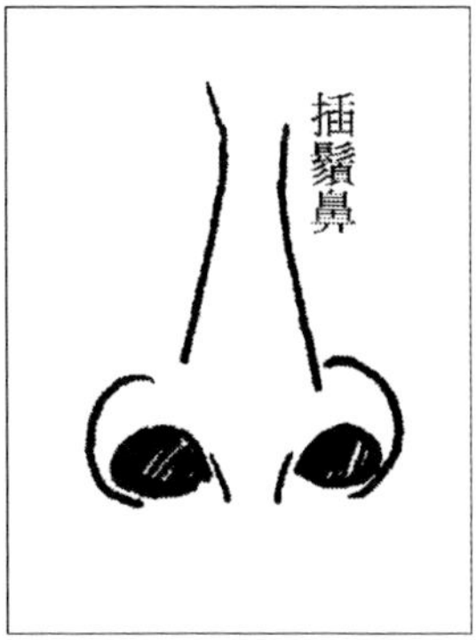

水形鼻　樂天形

鼻頭甚豐圓有肉，鼻樑平而微彎。

這類人性格樂觀而開朗，人際關係尤佳，帶來很多歡樂氣氛，人也隨和、沒有機心、樂天知命和知足常樂。

此相很多時在零售、代理、中介者得見，有些人會在藝能、表演等活動中，很吃得開，頗受歡迎。

「大鼻孔且外露水形鼻」

這是較差的水形鼻，被稱為插鬆鼻，因為太浪費金錢，不知自制，所以運氣時常在起起跌跌中，而且財來財去。

火形鼻　進取形

外凸而彎弓，鼻頭略尖，鼻勢狠强，鼻翼撓起。

這鼻形的人，甚有進取心，一心向上爬，且不懼任何艱難，無懼風雨，有時行事過於激烈而惹來爭端，很重視物質和利益，故其一生中甚多對手和敵人，是一個天生的戰士。又會在演藝界、名利圈中取得成就，也可當軍人或商人，且表現出色。

「鼻孔三角，鼻頭尖小火形鼻」

此種鼻是較無品、缺德之人，手段毒棘、行險犯難，故其人每多有出位、越界等事情，引致身陷險境。

土形鼻　踏實形

鼻形厚實皮肉較粗，外形不甚明顯。

此鼻形者，是個老老實實，很少變化的人，性格固執不通，但勝在人有原則、不花巧，這反而能做出成績來，因此每多是個開店舖，做小生意的人，而且很努力辛勤，任勞任怨，一點一滴地累積金錢和經驗，會大器晚成。也多見於技術人員和勞動者之中。

「鼻形歪、或外形太醜」

每多為低下階層、自卑感重、運氣不佳、運滯、少用頭腦，且行為也每多怪異。

五行耳相解構

看耳朵，主要是看一個人的根基，這包括了身體健康、性格和家庭環境的基礎。因此，耳朵反映在童年，亦反映在晚年，兩者互相呼應。耳好的人早年和晚年也不會太差，耳的要求如下：

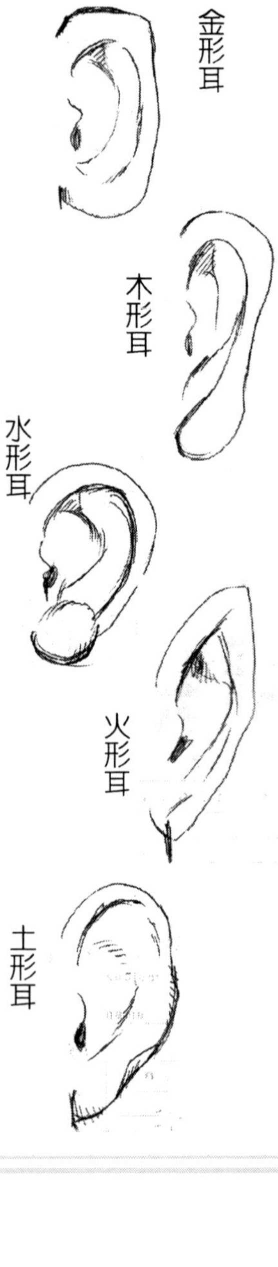

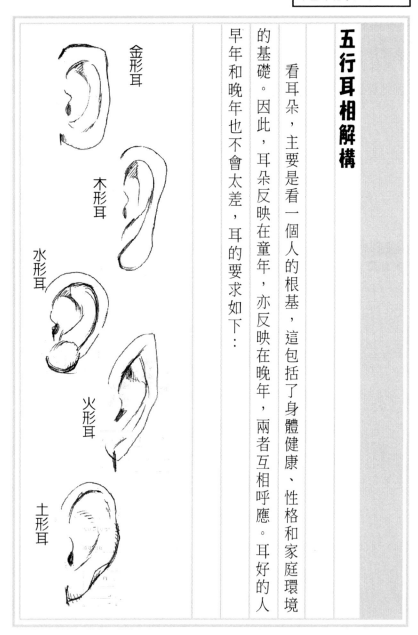

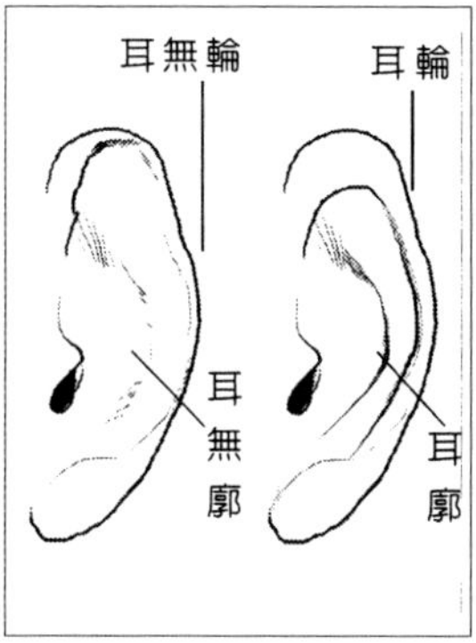

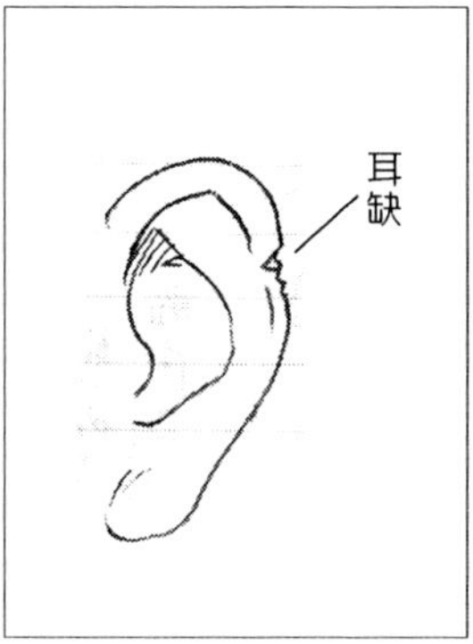

1要厚、2要耳有輪廓和不反、3要圓而不缺。

如達到以上的基本要求，無論是甚麼耳都可以有好福運。

耳朵又名福堂、祿堂，是為福澤之源，一個人的福厚不厚、能享福多少，就要先看看一雙耳朵了。耳朵最忌薄，耳缺和耳反，這種耳朵無論是金、木、水、火、土那一形，都是福薄命苦者。

金形耳

耳大而方、硬而骨厚，此方形耳，主性格剛強、率直、勇敢而好勝心強，且為人老實、腳踏實地，一步步向著理想前進，所以較有領導能力，有

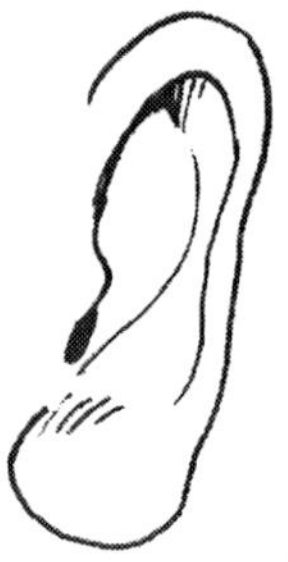

較強壯的體魄，若配合鼻子好，便可以成為實業家，在商業社會裡如魚得水。

晚年耳朵依然能保持厚硬而方、色潤白，此為老當益壯之象，其活力尤勝年輕人，但較為辛苦，少清閒享樂，只喜歡忙碌。

木形耳

木主長，有些很長壽的老人家，大多數耳朵長長的，表示耳長壽亦長，長耳朵還有其它優點，就是仁慈心地好、樂於助人，性格亦甚為闊達，喜愛詩書畫等藝術，人有文化修養，故而從事文化藝術、設計等行業，自有較大發揮。由於耳長代表健

康長壽，此耳幼年和晚年都較健康，身心舒泰。（見藝人鄭丹瑞的耳）

水形耳

水形耳，又稱棋子耳：1取其形狀之圓、2取其耳下有圓圓的「耳垂珠」。其人樂天開朗、聰明機智，這是水形耳者的特點。小孩子有水形耳，會特別有天份、是個天才、聰明、學習快、記性好、舉一反三，能夠生長於一個良好的環境裡，得到優厚的培育。

這類人缺點是不夠耐性，甚麼也想嘗試，好奇心令他很想不斷發掘新事物，好玩、貪新鮮，須不繼加強內涵，要令自己不自滿方好。（吳君如）

火形耳

此耳之形，耳頭略尖、上尖下闊、耳廓外露，這類人性急如火、急功近

利、脾氣火爆，但很多鬼主意，往往能奇兵突出，作事十分之急速，有時會粗心大意。

此類人每有特別的天份、是個鬼才、足智多謀、行事不講規則，想到即做，因此其人每見於多完智能、創意及開創等事務上，且有所成就。

此外，亦會有速度很強的運動能手，屬於此耳形。（球員斯丹）

土形耳

此形耳朵每多厚而不實、乾而不硬，耳的輪廓不甚分明，也不甚美觀，之不過此類人老老實實，做事不會極端、守規矩，雖然性格不甚聰明，但卻肯捱肯拼，往往能創出一些成績來。

在性格上會比較守舊，思想欠缺進步，易受人影響，未有多大主見，對很多事都慢熱，做事也會慢幾拍，但勝在肯堅持，最終也能夠有所成就。

從政人員之五行面相解構

從政者的五行面相，古今相書都有記載，面形四方、權骨起的人，是從政之基本格局，無它，方角臉的人個性堅強理智、有正義感、不講強權、不怕艱辛，故而利於處身管理階層。至於顴骨是為權力之象徵，故要隆起有肉，如果做一個行政人員，無權無勢又話不到事，實屬可悲，因此顴鼻兩者均為從政之「本錢」。以下將五行形相配合五官，反映各種的性格行為，來看一個從政者的能力及其個人風格。先講講金型面人配合五官的狀況。

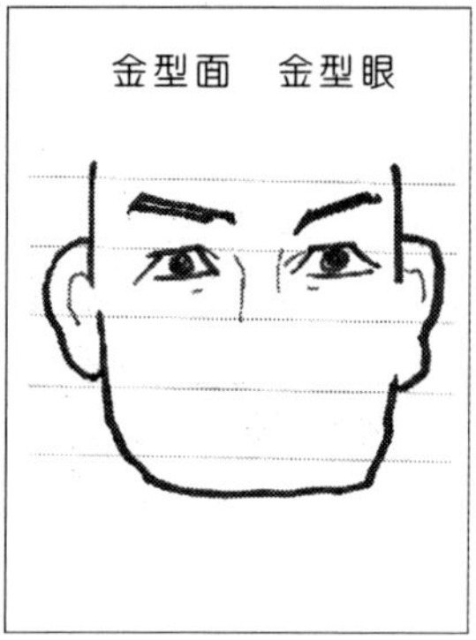

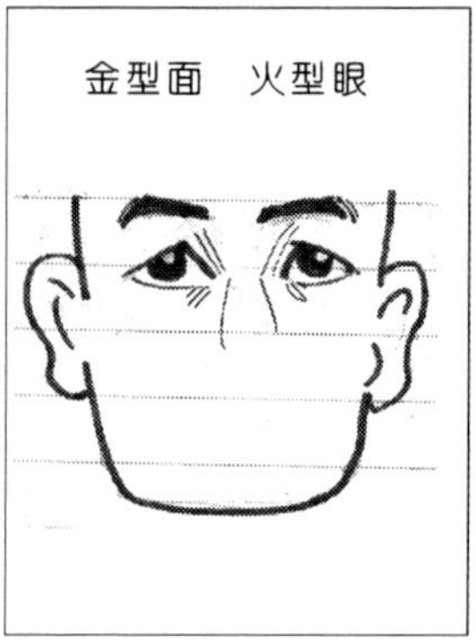

（金型面相）配（金型眼）

眼型帶方、上眼瞼略為下墜、眼神強烈。

此為過於剛強的惡形相，會引來下屬之不滿、反抗，所謂「剛極則折」，這類上司及從政者，會以強勢領導，傾向於「軍訓式」的嚴厲統治。

（金型面相）配（火型眼）

眼呈三角形、露下三白、露光神急。

這類人的野心大，但器量小，不能擔當重任，從政定必帶來怨聲載道的，雖然其人會有出位的表現，但每多以非正常手段來取得，總之不擇手段以達至成功。若在此類人統治下，將會人人自危，爾虞我詐了。

（金型面相）配（木型眼）

眼秀長、眼神清

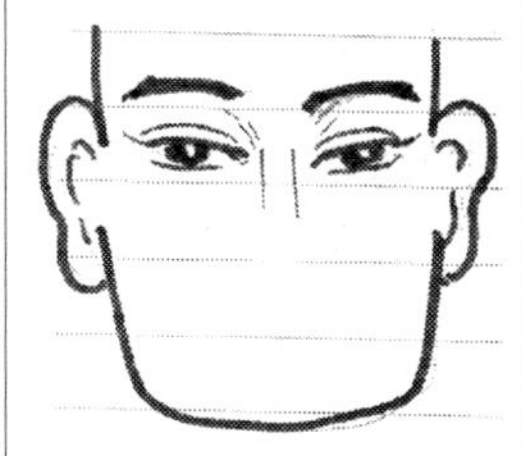

這類人的政途頗為艱辛，可謂先苦後甜，每多文人論政者，出於此相格，其人有遠大的志向，抱著不怕失敗的精神，向著目標前進。

跟隨這類上司最好，因為他很懂得量才施用、不忌才、重情義。但政壇永遠是個明爭暗鬥之地，這類人很容易一不小心，受到敵人的攻擊，或自己灰心放棄。

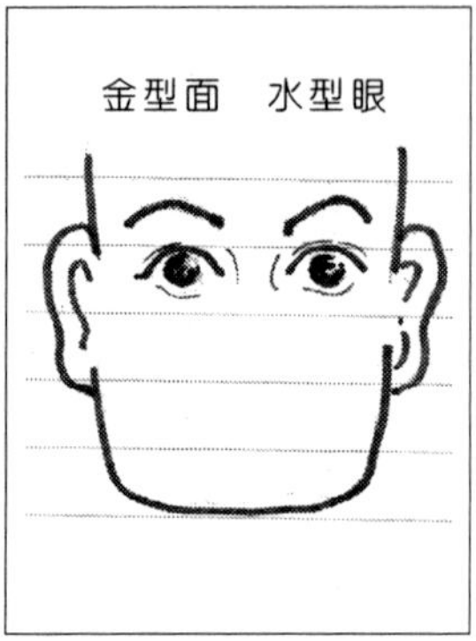

（金型面相）配（水型眼）

眼圓而大、眼神靈巧。

這種金形面、大眼圓睜的人，會每本著一種無為而治的方式來作為他的領導資本，其性格甚貪新鮮、好新奇、不喜歡壓力，故做事並無章法，但他卻很有智慧，能夠靈活變通、隨機應變。

（金型面相）配（土型眼）

眼深而藏、眼神藏而不露。

身為一個成功的行政人員，或當權者，眼睛最好是深一些，眼的線條較明顯而深刻的好，眼又神隱藏而不外露，如此從政者自必能深謀遠慮、冷靜

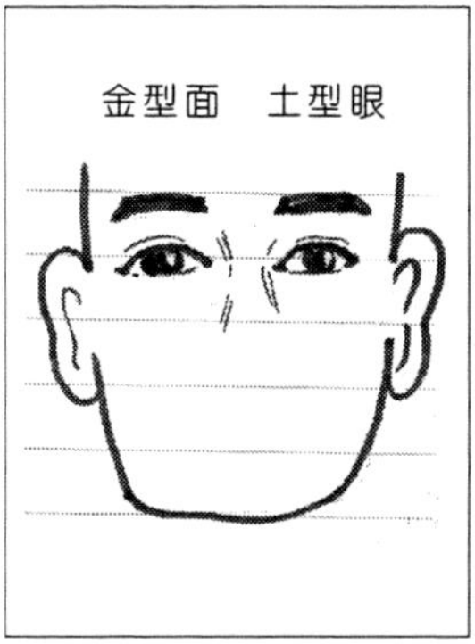

而理智、沉實、不好高帽遠和好大喜功，重視實際，故其功必大，其勢必穩。

此外，金型面配各種眼形，當權者怎樣觀其權力大小，強勢弱勢，這又要看他的顴骨之：高低、聳平、厚薄和尖圓等，方得作準。高聳、肉厚、圓渾的顴骨，其權力必登上高位，從政而能權傾朝野、一呼百應。

若相反顴骨生得低又平，或尖凸無肉者，必因濫用職權而遭削職，或在公謀私、或行事不公，引來批判。

名人實例：

試舉一個例子，用一個女士的面相實例，來分析五行形相的實際操作。

分析次序是：

1水形面

面形圓渾飽滿、水形無疑、是個樂觀主義者、性格開朗而人亦圓滑·有外交風範。

2水形鼻

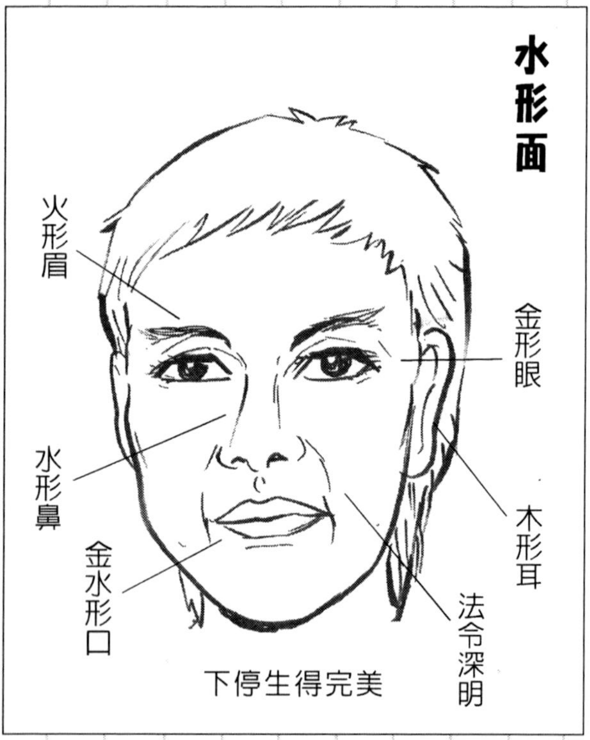

有時也很孩子氣、跳皮、視工作於娛樂、宅心仁厚、朋友眾多而甚得人緣。

3火形眉、金形眼

眉短促、尾略向上似起角，配金形眼、上眼瞼重、眼神強、略帶方形。這是反映她正是鬥志高昂、決心很大，而且壓力也超重，非一般人所能承擔，經常一個人面對壓力、要下達指令，因此要有超強的決斷力。

而火眉加上金眼，五行是火剋金，反映長時間有內心的掙扎，情緒常帶來負面餘波，未能完全平復過來，一直內心掙扎，常覺有沉重的負擔。

如果衝開困難便會向最高權力中心闖進，但必須平息內心抑壓感，否則會造成悲傷、憤慨與無力感，功敗垂成。

4金水形口

口形為金水相生，故甚欣善，那是言詞有力、言行一致之相，厚厚色紅潤的口，代表她的福祿綿長。加上兩條深明細長的「法令紋」，令人望而生畏，是威望、誠信與權威的標記。還有，咀的上部為仙庫和食祿，左右下方為地庫、地閣(下巴、奴僕宮)生得圓又厚，表示常得到身邊的人擁護，而且，這一帶都是後運的重要部位，如此必能補償本身的壓力與無力感。

事實上，以相論相，這個人因她整個下停生得都很完美，是故頗有福祿。

5 木形耳

長而有耳珠厚垂，此處又名祿堂，看人之善良仁厚。

總結：以其堅定眼神配豐厚的下停和耳相，能得到五行形相的平衡。

這位女士，其實是一位眾所周知的人物，大家不防猜猜她是誰，猜中了更可以找她其它的照片來作參考研究。

附錄 2

古籍《人倫風鑒》原文

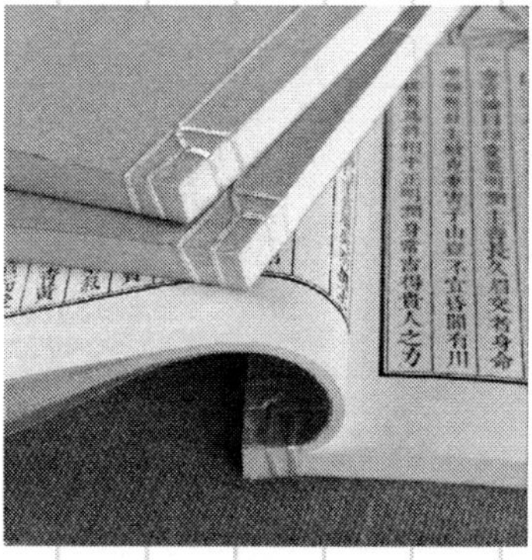

陳希夷（宋）陳摶老祖

易天生　前段註釋

人之生也，受氣於水，稟形於火。水則為精為志，火則為神為心。精合而後神生，神生而後形全，形全而後色具。是知，顯於外者謂之形，生於心者謂之神，在於血肉者謂之氣，在於皮膚者謂之色。

人受氣而生，天一生水，地二生火，精液水中遊，實體是也，火為精神，此二者相結合，形體便生成了，得到了形體而能接觸世間萬事萬物，健康成長。

人倫風鑒一開始就不是那種簡單易明的面相技巧，明顯是一種陰陽學說，裡面包含了易經的精華。

形神氣色，是看相的至高法門，如何從身體各部份來分析解說，大家看下去，試能否理解得到。

形之在人，有金木水火土之象，有飛禽走獸之倫。金不嫌方，木不嫌瘦，水不嫌肥，火不嫌尖，土不嫌濁。似金得金，剛毅深；似木得木，資財阜；似水得水，文章貴；似火得火，兵機大；似土得土，多櫃庫。

人相學講求形態，主要取五行之象，以應五行於一面，前文已有詳述，其次是以飛禽走獸為類象，並取形象之方瘦肥尖濁等以說明。

現在解釋書中的所謂五行〔不嫌〕的情況，金不嫌方，很明顯指金形人擁有方國面，木不嫌瘦，樣子清秀是木形，多見於瓜子口臉或面略修長者，給人感覺是有點瘦的感覺，但要記著要瘦而不削，削便不合格了。

另外水形不嫌肥，事實上水形人面較圓渾飽滿，至於是否一定要很肥才是水形，倒也不是，只要乎合面圓便可以了，火人不嫌尖，這是一句很好的秘訣，皆因很多人都受到過往一些一知半解的相家影響，以為風字面或由字面，外形上尖下闊，形似火狀，便當作是火形，這裡筆者要再一次向讀者們澄清，這絕對不是火形，火形不能夠有圓和闊等水之形態，才能得真，有便是水剋火，就如某些書指火形人短壽，其實是誤解火形所致，有很多成就很大的名人，都是火形入格者，都享高壽。

最後是土形了，土不嫌濁，但這個濁是人相之大忌，何以配在土形人臉上，就會例外呢？這個濁如放到面上去，應該是皮膚及氣色，又或於眼神和聲音上，都是宜明潤，怕混濁的，若以其人之氣質論，或更能理解，土形人因為夾雜著其它四形而不清，皮肉聲音和神氣都較沉厚而實，故有濁的感覺。

至於金得金、木得木、水得水、火得火、土得土的解說都在前文作了頗詳細的解說，大家可以再作重溫，往後的原文就不多作解釋了，讀者可按前文而作理解。

似禽者，不嫌瘦；似獸者，不嫌肥。禽肥則不飛，獸瘦則少力。如鸞鳳之形則眉目聳秀，與夫形體清瘦；如犀虎之象，則頭角高聳，與夫頤腮豐滿。如此之類皆貴矣，反此者皆賤矣。

形之在人，木形本瘦，其色青。瘦則不露，青則不浮。青瘦則細而實，露浮則粗而虛。世之論木者，但知其瘦取形，不知其有粗如松柏之木，其本以實，其葉愈青，謂之細實。至如梧桐之木，其內本虛，其外不牢，謂之粗虛。然取木之形，安可一概而論哉？木之形，非在其一，有帶金者，有帶水火土者；水之形，非在其一，有帶土者，有帶金火木者；火之形，非在其一，有帶水者，有帶金土木者；土之形，非在其一，有帶木者，有帶火金土木者；金之形，非在其一，有帶火者，有帶木水土者。帶其相生則吉，帶其相剋是凶。如人之始則瘦，此木之形也；中則粗，是金形也；次而肥，是水形也；其次厚實，是土形也。始瘦次肥，為水生於木；次又厚實，此木之得土也。始若瘦，次粗，為滯也；始瘦，次肥厚，此為發也，庶人進財，官員加職。

神之在人，欲其深，不欲其淺。神深則智深，神淺則智深。用則開於眼，合則收於心。近觀則有媚，遠視則有威；其瞻視有力，其睡臥易醒。譬如燈之火，其心之分，則謂之神；其燈之花，則謂之神光；其四畔之光，則謂之魄；油乃精也，油明而後燈明。此謂之著也。

氣之在人，要其堅向清韻，而不在乎剛健强鳴。其內平，則志篤；其外舒，則氣和。有清焉，有濁焉；有清中之濁，有濁中之清。若以浙人、淮人之氣論之：浙人之氣，重而不鳴；淮人之氣，鳴而不重；南人之氣，清而不厚；

北人之氣，厚而不甯。陽氣舒，而山川秀茂；日月出，而天地光明。此氣之著也。

色之在人，雖在皮膚之上，要其實，不要其浮；欲其聚，不欲其散。生於五藏之表面，飾於一身之光潤。唐舉先生曰：「光不足，為之色。」人之有得，則喜形於外；有失，則憂存於心。有老焉，有嫩焉。嫩者，謂年紀深而帶後生之色。色老者吉，色嫩者凶。然相法之中，不惟其色之如此者滯，凡形嫩者，亦如之。有三光焉，有五澤焉；有三暗焉，有五枯焉。

形神者，有形有餘而神不足者，有神有餘而形不足者。形有餘而神不足者，初見似威，久視而晦；神有餘而形不足者，初見似晦，久視愈明。形神俱有餘者，識與不識，見而悅之；形神俱不足者，不必更問，令人可惡。形與神相照，氣與色相扶。神全則形全，氣全則色全。神能留氣，氣不能留神；氣能留色，色不能留氣。至於形，則載之而已。有厚焉，有薄焉。厚者吉，薄者凶。世人有遇時得志者，其始皆欲有為也；及其中則滯，末則卒，皆由度量淺狹，不能容載也。牆薄則易頹，酒薄則易酸，紙薄則易裂，人薄則易亡，水土薄則不足以致陰雲之附。不度已短，專談人過；侵削人物，以為已恩；面前說是，背後說非；不睦親長，卻奉外人；本性輕率，佯為沉重；改常棄舊，忘恩忽人；未貴先盈，未富先驕；未學先滿，此大薄矣。若此者，不惟破相，又損其壽，殃及子孫。

然壽之相，非在乎形貌恢偉、眼目浮凹，便言天矣。形貌恢偉之人，若有時，情寬性厚，此謂之情氣相附也；若度量偏窄，此謂心不稱也。世之人惟知其眉上兼耳內生毛者多壽；骨人耳兼人中深長、法令分明，便言在壽，然不知其所稟也。此蓋精氣內實，其骨乃從精髓而透出，然後毫毛方始生於眉耳，法令方始分明，人中方始得深長。如樹之根本牢實，上面方始發生枝葉，似油盛燈明，精足則身安。唐舉先生曰：「虎骨龍睛，世人皆知其吉；結喉露齒，世人皆知其凶。」然而吉者未必為吉，凶者未必為凶？結喉露齒，雖則劣相，有時，心地吉者貴矣。但利其身，不利妻子。如三尖五露之人，貴者多矣。但其神氣深粹，皆可取也。神氣深粹之人，形安體靜，不隨語行，不隨默止，不隨財動，不隨色轉，安而定，祥而雅。如此之人，皆知分也。今之人，享富貴而心不足、不快者多矣。其神氣安靜之人，心地空閒，而所為放心。

形神氣色之於人，有滯者多矣。形滯八年則塵埃，神滯四年則身硬，氣滯三年則心傾，色滯一年則神困。有陰有陽焉。陽者不可帶陰，陰者不可帶陽。

若男帶女相，懦而無立；女懷男相，主失其夫。婦人要柔而順，男子要剛而正。良人之婦，有威而少媚；*家之婦，有媚而少威。然世之論相者，但觀其面部者多，而不究其根本。如骨者，凡人於眉鼻兩頰之上皆有也。在貴人，則有從精髓內生出，故其眉青秀而細；及貧*之人，則浮於上而粗。如顴骨，上一位，庶人；入耳，不過有壽；不露，不過有富；至若作監司之人，生入兩鬢；兩府之人，則生入天倉；其作太守之人，則堆成峰而入兩眼之尾而已；至下輔，主倉庫、奴婢。若其地閣闊厚，自有倉庫奴婢。設使地閣缺陷，是無宅可居，安有奴婢之軀兼倉庫哉？

視遠，智遠；神高，智高；視下，智下；視斜，智毒；睛屢轉者，殺人或流；視迫上迫下，此瞻視不常之人，不可兼立事矣。有天者貴，有地者富，有人者壽。有天、有地，人事不修，是徒有相也。

作者簡介：

易天生。十歲開始學相，十二歲便替人看相，年紀輕輕已相人無數，精通掌相、面相、八字和易卜。長期在本港三大報章及各週刊雜誌撰寫文章，並結合多種學術而自成一派，著書立說，更被列入香港玄學界「八大名家」之一，開啟了新世代玄學之門。廿九歲出版他的第一本命相書，至今已出版超過二十部著作，讀者遍及各個階層。成為目前新一代命理學家的精英。

後記

易天生 寫於：2021年12月14日

這部是作者擱筆五年，出版心相篇後，再度重拾初心，繼續寫作之路的一部註釋作品，實在是感受良多，中間經歷了筆者多重的人生歷練……

「幾度夕陽紅似好，只是黃昏磨難多。」

事實上，太清神鑑想寫很久，而且很早已開始搜習資料和動筆，但因為要在有限的寶貴時光，發展筆者的抱負，抱括：小說，書法，攝影，漫畫，水墨畫，曲藝和修佛等等，雖然全部實現了很大成就，但僥倖地亦有小成，終於在過去幾年間，開了兩次個人畫展，又出版了十多部微小說和繪本和演出等，七年內創作力不斷，在文化藝術修養的積極進取上，算是對自己有個交待，同時也豐富了本身的生命力。

自己年齡與日俱增，精力已不復當年，而且是經過了人生親人離異和本身大病之苦，太清神鑑的註釋被迫幾度中斷。

去年身體康復後，決心把太清神鑑完成，遇上了可怕的世紀疫症大流行，疫情下困在家裡，原來是寫作的一個好時機，但一大堆的問題又隨之而來，首先是香港的政治文化和經濟，都出現史無前例的巨大變遷，一切都已不似往常，路途難走，以筆者病弱之軀，是否能解決重重困阻，重新出發，像少壯時期那樣創作，真的是未知之數。

太清神鑑的全書註釋文字，總算在本年三月完成，由於要開拓未來出版之路，努力將至心田文化和易天生的五十多部重要作品，成功地開發了電子書銷售，能夠於全世界發行，可以令畢生努力創作的書，得以保存及流通，繼續細水長流。

於是，太清神鑑又再延遲，到現在才繼續制圖和做桌面排版，過程是諸多障礙的，曾經接近做好了檔案開不到，要重新再做，相信本書是我寫作生涯中，最艱苦完成的一部。

因為未來書藉發行的生態轉變，疫情後經濟的新挑戰，但一切都不去想它了，只管做好目前這件工作，為久等的讀者做好太清神鑑註釋一書，筆者深信終會有出路的。

心田書目

書名	系列	書號	定價
掌相配對－速查天書	知命識相系列(2)	9789887715146	$100.00
五行增值－子平氣象	知命識相系列(9)	9789887715139	$120.00
子平真詮－圖文辨識	中國命相學大系：(23)	9789887715122	$120.00
子平百味人生	知命識相系列(8)	9789887715115	$90.00
三命通會－女命書	命理操作三部曲系列(22)	9789887715108	$100.00
窮通寶鑑 命例拆局	命理操作三部曲系列(21)	9789887715078	$130.00
太清神鑑 綜合篇	命理操作三部曲系列(20)	9789887715061	$120.00
太清神鑑 五行形相篇	命理操作三部曲系列(19)	9789887715030	$120.00
課堂講記	命理操作三部曲系列(5)	9789887715009	$120.00
易氏格局精華	命理操作三部曲系列(4)	9789881753755	$160.00
五行增值	命理操作三部曲系列(3)	9789881753755	$100.00
六神通識	命理操作三部曲系列(2)	9789889952679	$90.00
八字基因升級版	命理操作三部曲系列(1)	9789881687807	$130.00
神相金較剪(珍藏版)	中國命相學大系(1)	988987783X	$160.00
人倫大統賦	中國命相學大系(4)	9789889952600	$70.00
八字古詩真訣	中國命相學大系(5)	9789889952648	$100.00
神相鐵關刀全書全書	中國命相學大系(13)	9789887715054	$160.00
滴天髓古今釋法	中國命相學大系(8)	9789881753762	$100.00
玉井奧訣古今釋法	中國命相學大系(9)	9789881877017	$100.00
世紀風雲命式	中國命相學大系(13)	9789881687715	$100.00
滴天髓命例解密 全書	中國命相學大系(18)	9789887715092	$160.00
神相麻衣全書	中國命相學大系(12)	9789887715016	$160.00
命理約言	中國命相學大系(14)	9789881687772	$100.00
心相篇	中國命相學大系(15)	9789881687845	$100.00
神相冰鑑	中國命相學大系(16)	9789881687890	$100.00
神相照膽經全書	中國命相學大系(17)	9789881687746	$160.00
掌相奇趣錄	知命識相系列(7)	9889877864	$60.00
命相百達通	知命識相系列(6)	9889877856	$58.00
面相玄機	知命識相系列(4)	9789881753731	$65.00
面相理財攻略	知命識相系列(5)	9789889952693	$78.00
陰間選美	末世驚嚇(1)	9889877872	$46.00
聆聽童聲	童心系列(1)	9889877880	$46.00
五官大發現(漫畫)	玄學通識系列(1)	9889877821	$38.00
拆字天機全書	玄學通識系列(4)	9789881877000	$130.00
字玄其說	玄學通識系列(3)	9889877899	$68.00
玄空六法現代陽宅檢定全書	玄空釋法系列(1)	9789887715085	$160.00
風水安樂蝸	玄空釋法系列(2)	9789881687869	$88.00
八字財經	玄空通識系列(6)	9789881687838	$100.00
玄易師(相神篇)	心相禪系列(3)	978988901877055	$68.00
子平辯證	玄學通識系列(4)	9789881753779	$90.00

八字拆局　玄學通識系列(5)　9789881877062　$90.00
真武者之詩1　武狂戰記　超動漫影象小說　(1) 9789881753793　$66.00
真武者之詩2　戰東北　超動漫影象小說　(2) 9789881877013　$68.00
真武者之戰3 地界七層塔　超動漫影象小說　(3) 9789881753793　$68.00
真武者之神　神龍記　超動漫影象小說　(4) 9789881687739　$68.00
三國日誌　NO. 1　人工智能漫畫系列　01　9789889952624　$48.00
三國日誌　NO.2　人工智能漫畫系列　02　9789889952631　$48.00
海嘯風暴啓示錄　NO. 1　人工智能漫畫系列　03　9789881753748　$48.00
西遊解心經　人工智能漫畫系列　04　9789881687852　$68.00
鬼怪事典1　超動漫影象小說　(5) 978988168771　$55.00
鬼怪事典2　超動漫影象小說　(8) 9789881687777　$58.00
鬼怪事典3　超動漫影象小說　(12)　9789881687722　$68.00
鬼怪事典4　超動漫影象小說　(13)　9789881687883　$68.00
鬼怪事典5　超動漫影象小說　(14)　9789881175023　$68.00
鬼怪事典6　超動漫影象小說　(15)　9789881175047　$78.00
漫畫時代1　超動漫影象小說　(6) 9789881687753　$55.00
神龍記 上 漫畫+小說版　超動漫影象小說　(7) 9789881687708　$60.00
大聖悟空 1 微漫版　超動漫影象小說　(9) 9789881687784　$65.00
大聖悟空 2 微漫版　超動漫影象小說　(10)　9789881687821　$65.00
大聖悟空 3 微漫版　超動漫影象小說　(11)　9789881687876　$65.00

實體書【補購站】

電郵：tcwz55@yahoo.com.hk

（讀者補購以上書籍，請往下列書局）

可享折扣優惠

陳永泰風水命理文化中心　23740489
九龍彌敦道242號立信大廈2樓D室

上海印書館　25445533
香港中環德輔道中租庇利街17-19號順聯大廈2樓

鼎大圖書　23848868
九龍油麻地彌敦道568號僑建大廈五樓

陳湘記書局　27893889
九龍旺角　通菜街130號

星易圖書　39970550
Email：xinyibooks@yahoo.com.hk

查詢圖書資料　電郵地址：tcwz55@yahoo.com.hk　聯絡：謝先生

八格配五變局的：再延伸！

命理操作：五步曲

課堂講記

◎三百五十八個非一般命式，當中有多種不同判斷技巧
◎教你追蹤八字透干及藏根，引動之五行六神微妙變化
◎繼承了【滴天髓】的真訣，根源、流住、始終之秘法
◎本套專書為久學八字者而設，是古今命學…增強版

【第五部曲　學成編】
【第四部曲　延續編】
【第三部曲　應用編】
【第二部曲　進階篇】
【第一部曲　初基編】

密切留意　心田文化　展示版

http://comics.gen.hk

易天生老師 2021至23年 最新作品

三命通會－女命書

子平真詮－圖文辨識

子平百味人生

太清神鑑－－五行形相篇

窮通寶鑑－－命例拆局

太清神鑑－－綜合篇

新書發售

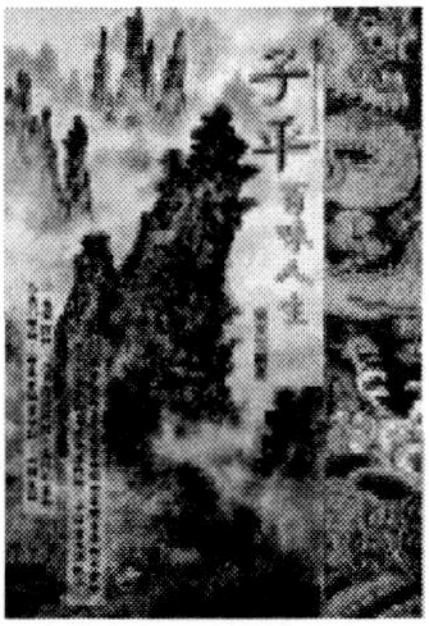

心田文化　pubu電子書城

http://pubu.com.tw/store/2742859

由於出版生態的改朝換代，一切都正在演化中，應運而生的就是〔電子書〕浪潮，由歐美開始，繼而是台灣，打開了新世代閱讀之門，加上近年的疫情影響，門市和發行的成本不斷上升，心田文化已經正式踏入了電子書的行列，大家如果仍然是很難或買不到易天生的書，那最佳方法便是手機搜尋，隨手一按，購買最新和過去易天生寫過的五十多部作品，只是要習慣適應閱讀方式，與時並進總需要點時間。

易天生命學書著作專區：

https://www.facebook.com/yitis55255/

易天生老師
第二部闖出國際的作品
於南韓全國發行

心田文化出品
命相經典！

第一部台灣全國發行：
神相金較剪

第二部南韓全國發行：
五官大發現

yes24.com/Product/Goods/71833562

易天生老師南韓大丘新書發佈會 活動實錄

2019年遠赴南韓大丘市，最大書店教保文庫，頂層舉行作者簽書會，並與當地讀者作即時交流，解答在場人士的相學問題。

南韓大丘
活動實錄

轉載自易天生官方網站社交平台：
https://www.facebook.com/yitis55

facebook.com/tcwz55

易天生

心情好緊張

見証五官兒子在南韓的...誕生

文燊和其他30人　　6則留言

易天生

南韓大邱最大的書店"教保文庫"

新書經已在南韓出版，四月六日星期六，出版社安排了一場活動，在教保文庫舉辦與南韓讀者朋友的見面會。

心情有點緊張。

易天生

教保文庫書店門口

放上了我今天交流活動的宣傳

單，替我一說。

文燊和其他30人

易天生
五宮的韓文翻譯…申美樊小姐
我本書國語夾雜廣東話，又多名詞術語，一点也不好翻譯，申小姐可謂勞苦功高。
Hui Chi Yeung和其他25人
5則留言

易天生

易天生
教保文庫內五宮廣告宣傳
真的十分重視我這本書。
還有 2 張

易天生
分享會正式開始
現場坐滿了來自南韓各方的讀者朋友
感謝白水振教授為我翻譯
準備了一晚的講稿，和拿了一些作品
都展示出來，起初還有点緊張
也漸漸平穩下來
還有 2 張

易天生
在韓國的文譯者
大邱一間很別致的咖啡店
為老板簽名留念。
41
4則留言

易天生

那天讀者會上，還介紹了…

我未來的水墨畫路向，因此那天大家都很捧場購書，心裡十分感謝南韓讀者，和專誠由首爾出版社前來的兩位小姐，一早在書店作妥善安排。

還有白教授和李小姐的幫忙翻譯，才令今次活動得以成功。

易天生

出版社安排了

交流會因讀者的熱情超了時
結束後立即趕去這間充滿園藝特色飯店
共進晚餐。

易天生

活動完畢，為在場的南韓朋友簽名

收到各方面的回響
是次新書發佈會獲得好評和成功。

文娟、Amino Acid和其他122人　32則留言

易天生

交流會圓滿結束

書店上工作的讀者朋友，帶了太太來捧場，萬興又添一位新讀者啊。

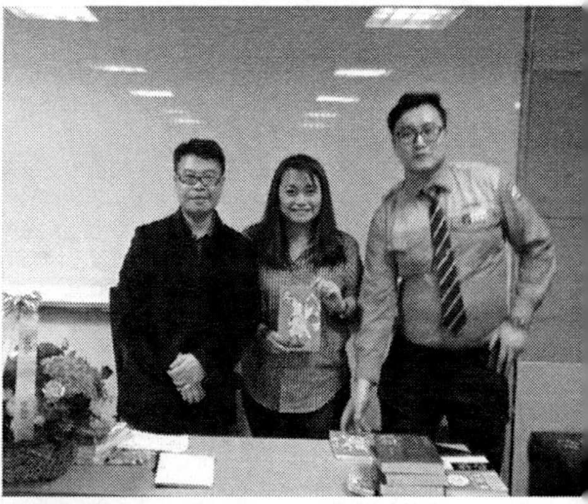

文娟和其他30人

神相柳莊

新書起動了！

用了半年有多的時間，做思想準備，

終於開通了思路，密切留意出版日期！

神相系列：

神相金較剪　神相照照經　神相麻衣　神相鐵關刀

神相冰鑑　人倫大統賦　心相篇　太清神鑑　神相柳莊

良種紙上播　善筆植心田

太清神鑑

五行形相篇

19

中國命相學大系
作者／易天生
出版／心田文化
地址：香港干諾道西135號錦添工業大廈R樓十三室
（來客請電梯按十二樓出上頂層）
面書專頁：facebook.com/yitis55
出版社專區：facebook.com/yitis55255
電郵地址：tcwz55@yahoo.com.hk
網址：comics.gen.hk
美術／樹文
排版／心田文化
印刷制版／卓智數碼印刷有限公司
地址：九龍荔枝角醫局西街1033號源盛工業大廈10樓5室
電話：27863263
發行／：香港聯合書刊物流有限公司
地址：香港新界大埔汀麗路36號中華商務印刷大廈地下
電話：23818251
初版日期：2021年5月　初版
定價：HK$一百二十元正

國際書號ISBN:978-988-77150-3-0
二〇二一年五月 版權為心田文化所擁有，嚴禁作全部或局部翻、複印、轉載或其他用途。

心田文化

良種紙上播　善筆植心田